柔情领导力

Lversatile **L**eadership

李秀娟教授管理随笔集

〔新加坡〕李秀娟 /著

北京大学出版社
PEKING UNIVERSITY PRESS

图书在版编目（CIP）数据

柔性领导力：李秀娟教授管理随笔集 /（新加坡）李秀娟著. —北京：北京大学出版社，2017.7

ISBN 978-7-301-28404-9

Ⅰ.①柔… Ⅱ.①李… Ⅲ.①领导学—文集 Ⅳ.①C933-53

中国版本图书馆 CIP 数据核字（2017）第 109501 号

书　　名	柔性领导力——李秀娟教授管理随笔集 ROUXING LINGDAOLI
著作责任者	〔新加坡〕李秀娟 著
责任编辑	贾米娜
标准书号	ISBN 978-7-301-28404-9
出版发行	北京大学出版社
地　　址	北京市海淀区成府路 205 号　100871
网　　址	http://www.pup.cn　　新浪微博：@北京大学出版社
电子信箱	em@pup.cn　QQ：552063295
电　　话	邮购部 62752015　发行部 62750672　编辑部 62752926
印　刷　者	天津图文方嘉印刷有限公司
经　销　者	新华书店
	880 毫米×1230 毫米　A5　9.125 印张　195 千字 2017 年 7 月第 1 版　2023 年 6 月第 3 次印刷
定　　价	58.00 元

未经许可，不得以任何方式复制或抄袭本书之部分或全部内容。
版权所有，侵权必究
举报电话：010-62752024　电子信箱：fd@pup.pku.edu.cn
图书如有印装质量问题，请与出版部联系，电话：010-62756370

文化边缘人（代序）

成功人士常常会患上一种叫做"自以为是"的自恋症。有一次，为了让一个EMBA班级的学员意识到自己身上的这个问题，我带着他们做了一个游戏——"从别人眼中认识自己"，学员们必须手牵手，眼对眼，说出对对方的真实看法，例如"在我眼中，你像……"游戏结束之后，我收获了一个昵称——"红酒"。说实话，我还蛮喜欢这个昵称的。

我觉得自己之所以被学员们称为红酒是因为身上有几种元素：一是自己具有"文化边缘人"的特质。出生和成长于新加坡这样多元文化的环境中，小学、中学就读的是华语学校，新加坡国立大学毕业后又到美国留学和生活，常觉得自己不中不西，但也可中可西、中西融汇。因为成长的环境，我能讲流利的英语和普通话，也懂得粤语、闽南语、潮州话和海南话等方言，这在中国学员眼中是件非常了不起的事。多元化的新加坡环境、华人的家庭背景和留学美国的经历使我比较能够解读不同的文化，这种

"文化边缘人"的特质变成我在生活和事业上的一种优势，让我对教学和研究工作能有独特的思维与视角。

还有一个元素是因为我身上有舞者和学者融合的特质。年轻时曾醉心于舞蹈，到美国留学后却转身变成了一个学者。"在红酒身上经常可以看到她舞者和学者的多元特征：从小学习艺术造就了她在课堂上永不消逝的舞者的激情，学者的修养则炼就了她性格中的内敛和含蓄。白天见到的她永远理智忙碌，晚上若有机会在剧院见到她，她是另一个人——优雅浪漫。"或许"红酒"在别人眼中就是中西文化融汇、理性感性融合形成的一种性格气质。

我现在已经半定居在上海，喜欢上海那种古老又现代、含蓄又奔放的城市性格。中国和新加坡的文化其实有很大的差异，如价值取向、管理风格、为人处世、生活方式等，中国重视做人，而比较西化的新加坡则重视做事，在中国，建立关系比建立系统更重要。在中国这些年的时间让我感受到了强调"做人"的东方文化和强调"做事"的西方文化需要更长时间的磨合。"文化边缘人"在这里是一种优势，对于一个以华人企业的文化管理为研究方向

文化边缘人（代序）

的学者来说，也是创作激情的源泉。

这几年来，除了坚持做研究和教学，我开始尝试定期在新加坡《联合早报》上写专栏文章，专栏名为"性感＋理性"，每两周交一篇，写的都是平时工作、生活中遇到的人和事。不知不觉，居然已断断续续写了一百多篇。

比起写学术文章，这些散文、随笔往往充满了随意性，想到哪里写到哪里，观点不需要那么客观、严谨，有时甚至带有一些任性的成分，却完全代表了我个人的态度，就像是跟朋友聊天一样，不疾不徐，娓娓道来。从这些文章中，读者看到的是另一个不同的我，这个我，比较随意感性，尝试透过自己的视角观察身边的世界，将枯燥的管理知识通过生动的人物故事和个人感悟表达出来。

因为工作的关系，我有幸结识了很多企业家和管理者，每次接触这些人，我都能从他们身上获得很多正能量，他们为我提供了源源不断的创作灵感，所以，这本书中记录了我和很多优秀企业管理者相处的片段，他们所具备的管理智慧和敬业精神让我钦佩不已，其中的女性领导者的故事，更是让我惊叹柔性领导力量的强大，印证了那句"百炼成钢，终化为绕指柔"。除此之外，我还记下了很多工作、生活、旅行、与家人和朋友相处过程中的小插曲，有哭有笑，有欢乐有悲伤，即使是一些转瞬即逝的刹那，或者只是一瞬间的有感而发，我也愿意花时间，把刹那化为文字，留下回忆。

过去几年每周五的晚上，都习惯于把自己从繁杂事务中抽离出来，换一个头脑，细细思考生活中的人和事，悄悄地和自己对话。现在回首，所有的坚持和付出，原来是可以让自己用更美好的眼睛去看世界。我愿意和每一位有缘人分享。

希望你和我一样，爱工作，爱生活，爱缘起缘灭的一切。

李秀娟

2017 年 3 月

目录 Contents

"她"时代领导力   1

柔性的力量   3

向前一步   7

把戈壁变成绿洲   10

魅力的滋长   15

非洲接触   18

因为不甘寂寞,所以别样精彩   21

刚柔并济   24

职场领导力谁更强,女汉子还是暖男?   34

美丽的误会   38

不一般的白酒   41

全球搜索女董事   45

女性为何对董事会说"不"?   48

优雅的转身   57

一个你不知道的梁凤仪   60

活出精彩   63

66	逆境商数
69	全球跑步进入"她时代"
73	她的书"习惯就好"
76	背后的女人

管理启示录

83	性恶论
86	敬天爱人
89	站在巨人的肩膀看世界
93	中国品牌,法国制造
96	不忘初心
99	当金字塔瓦解了……
102	这个时代缺少儒商
105	颠覆时代
109	虎和豹的相知
112	钢铁侠,黑蜘蛛,美国队长,鹰眼侠
115	走在钢丝绳上的"富二代"
122	欧洲神秘家族的传承秘籍

目 录

心理死亡	126
CEO killer	129

风景在路上　　　　　　　　　　133

又一次走入戈壁	135
山始终在那里	140
重新认识日本	144
父与子	147
财富与慈善	150
夏天的温哥华	153
渐行渐远的历史感	157
幸福了吗？	161
韩国济州岛	166
天堂和地狱，只在一念间	170
放空自己	173
全球化家庭	177
周末在大理	182
台湾缘	185

189	5·22 那天
192	去印度
196	旅途中的辩论

生活随想曲 (199)

201	人活一世，总要留下点什么
205	我为新加坡人感到骄傲
209	2065 愿景
213	SG50 随想
217	民主中的权威
221	消失的书店
224	好校长
226	当你老了
229	当平常遇到无常
232	结婚礼物
235	虎父无犬子
238	相逢何必曾相识
240	闺蜜时间

目录

爱的教育	244
1+1=？	247
当梦想遇到官僚	250
国民服役	253
微薄的力量	256
欢乐和幸福	260
享受过年	264
没有婚姻的历练，哪知爱情的真谛	268
爱情多元化	272
半正不邪	275
受宠若惊	277

"她"时代领导力

柔性的力量

不知不觉写这个专栏也有三年了。几乎每次都是挤出时间来写的,好几次都把这个任务给忘了,编辑部知道我健忘,会提前几天提醒我,感谢她们的耐心。每次我都觉得时间怎么过得这么快,两周又过去了?因为上一期请假,已经一个月没动笔。偶尔会有停笔的念头,觉得自己有点"不务正业",应该更聚焦于主业。但是母亲是我的忠实读者,只要有一期没看到我的文章,她就会问我是不是不写了。这已经是我向她汇报工作和生活的渠道,也是支持我隔周的周五晚上坐下来写随笔的动力。多忙多累,都得坚持。

三八妇女节快到了,这几天接受的几个采访,都是类似的问题:你怎么定义幸福女人?你怎么平衡事业和生活?你怎么教育孩子?老实讲,心里是有点不耐烦,已经被问过无数遍了。我反问记者:"能不能问点别的?我们谈谈柴静吧?"绕了一圈,估计年轻记者还是认为这是大多数女性读者最想知道的——生活中的我是怎样的?

"你是怎么定义幸福的?"

在我眼中,幸福不是一个目标,幸福就在路上。每走一步路、每做一件事都全情地投入,就会找到下一步的力量。路上会有风有雨,但风雨总会过去,所以放宽心,调整脚步继续往前走,终会柳暗花明又一村。幸福是走出来的,不是等别人给你的。

"你怎么总是这么充满活力和感染力?"

是吗?可能是习惯吧。因为觉得自己是个非常幸运的人,得到很多机会,得到很多人的帮助,自己得到的比很多人都多,所以碰到问题、挫折都不敢抱怨,觉得自己没资格抱怨,只能继续努力。不抱怨已是一种习惯。多付出、多做、多给予就是一种对生命和社会的回报,努力已不关乎名成利就,就是一份感恩的心。其实觉得自己还可以做更多更好的事。

"你是如何保养的?"

世上没有丑女人,只有懒女人。居里夫人说过,"17岁时你不漂亮,可以怪罪父母没有给你遗传好的容貌,但是30岁时依然不漂亮,就只能责怪自己,因为在漫长的日子里,你没有往生命里注入新的东西"。

我觉得女人一定要爱美，懂得打理自己。最近流行用"逆生长"来形容那些越老却越漂亮、越耐看的女人。"逆生长"需要内外兼修，外表的修饰和保养会让自己减龄，更重要的是要坚持运动和阅读，与时俱进，孩子对有一个像姐姐一样的妈妈会觉得骄傲，先生更不用说了，这样他也才会多注意自己的修行予以跟进。

最后，还是要说一句，女性不要画地为牢，你的能量超乎你想象。前央视主持人、记者柴静是我最欣赏的女性之一，她自费制作了雾霾现象深度调查纪录片《穹顶之下》，对于雾霾这个困扰着普罗大众的问题，她像尖刀一样层层刨根问底，又像溪水一样娓娓道来，实事求是，知行合一，柔情似水又铁骨铮铮。这是一种女性的力量。她以一个母亲的起点去追问一个关乎国家、民族和大时代的课题，不争不吵，用细腻的感觉和有力的行动，为孩子、为社会发出强有力的声音。

我真的希望更多的女性能像柴静这样，散发出柔性的力量，铿锵有力，为社会、为下一代创造更好的未来。

（原载《联合早报》2015 年 3 月 9 日）

柔性领导力
李秀娟教授管理随笔集

我属于这份静谧

向前一步

在飞机上读了谢丽尔·桑德伯格（Sheryl Sandberg）的书《向前一步》(*Lean In*)。这位非常年轻的Facebook首席运营官在书中分享了她个人的成长经验，对现代女性在追求梦想和幸福生活的过程中面对的外在、内在困扰，有着相当动人的描绘和精辟的见解。

这让我想起20年前在美国生活时的经历，当时周围的美国女性朋友在积极地为自己争取平等地位和权益时，更倾向于倡导女权主义，对男性采取比较敌对的态度。而我虽然一直都赞同女性的生命和生活不应该只是传统的相夫教子，但对美国的女权主义也发自内心地不认可。我觉得男权和女权既不应该是对立的，也不应该是上下或男尊女卑的关系。我一直希望传达这样一个信息：不管是男性还是女性，都应该有权利和机会追求自己的事业与幸福的生活，而不是把一个人的成功建立在另一个人的牺牲之上，且被牺牲的往往是女性。

20年后，年轻一代的谢丽尔·桑德伯格虽然还是指出了社会上男女不平等的现象，但更多把矛头指向女性的内心，觉得女性之所以不敢放开脚步追求自己的梦想，更多是出于内心的恐惧和信心的缺乏，所以画地自限，让自己活在社会赋予的角色和别人的眼光里。她不仅鼓励女性积极进取，向前一步往前排坐，更鼓励女性重视家庭生活，平衡好工作与生活的关系。许多女性会认为应该为家庭放弃事业，或者认为事业成功的女性家庭都不会幸福。但现实中绝大多数成功的女性并不是因为抛开家庭才达到事业的巅峰，相反，她们都能很好地平衡事业与家庭的关系，关键在于要有一位尊重和支持自己的人生伴侣。

女性常常在潜意识里限制自我发展，降低自己的期望和追求，甚至放弃自己的工作和成就。年纪越大，越容易失去好奇心和学习的意愿。许多读书时非常优秀的女同学，最后都选择甘于平凡！我只能在心中默默地替她们惋惜。

最近几年，老同学聚会越来越多，从原来只有大学同学聚会，到现在连中小学同学都有办法联系上。几十年没见面的同学，突然都通过瓦次普（WhatApps）联系上了，那种时空短路的感觉，让人感慨一切终究逃脱不了命运的安排。原来那些如花似玉的少女、童年玩伴，个个都变了样。当年成绩最优秀的女同学，现在安于相夫教子。聚会时聊的话题就是围着先生、孩子转，要不就是讨论哪里好吃、哪里好玩，然后相互提醒要注意健康、看淡名利、看破红尘，过后再发来几段修佛读经的心得，寻求心中的安宁世界。

这种时候，我就突然觉得自己好像不是与她们同一个年代的人。人生不是才刚开始吗？我碰到的朋友里，有快50岁还在健身跳舞的，50多岁才决定出来创业的，60岁还决定再婚的，60多岁还去爬山的，70岁还到处演讲的，80岁还去海底潜水庆祝生日的。她们的生命像孩子一样，依旧好奇，充满能量，不断学习，不断分享，和她们谈话就像服了生命激素，还可以再拉几个高音，唱几首好歌，对生命依旧满怀热情。

我们应该相信，每个女人的才华都是无限的，每个女人都有自己的闪光点，只要我们勇于向前一步，就可以让自己的人生更加光芒万丈。在此过程中，女人不要埋没了自己的才华，不要让社会的刻板印象束缚了手脚，不要早早地就给自己设了限。要知道，你的男性同事之所以看起来比你成功、比你厉害，可能只是因为他们更有自信而已。只要你愿意，只要你相信"我可以"，就一定能够让自己活得更释放、更酣畅，不一定要伟大，但一定要精彩。

但是很遗憾，许多女人的一生，就缺了向前的一步。

（原载《联合早报》2014年12月8日）

把戈壁变成绿洲

几个月前在北京上电视节目时认识了一对母子,妈妈63岁,儿子39岁,16年前一起创业,把戈壁变成绿洲,在贫瘠的西部土地上种植葡萄园,8年后再把葡萄酿成美酒,创办了新疆葡萄酒第一大品牌。而这对母子之所以这么做,只是为了母亲曾经做过的一个梦。

在梦中,她看见那一片西戈壁开满了樱花、杏花、桃花,漫山遍野都是。她忍不住和老公说了这个梦,老公告诉她:"梦就在这里。"从此一家人开始了寻梦之旅,然后就有了上面这个把戈壁变成绿洲的故事。一家人从农到富,又从富到农。我被这个传奇故事吸引了,大家相约好一定要去新疆看看这片戈壁滩中的绿洲。

5月底,我们从上海出发,飞行了5个半小时到达乌鲁木齐,又从那里再转飞库尔勒。5月底的库尔勒已宛如酷暑,我们下了飞机就马不停蹄地赶往葡萄园,一路上除了荒凉就是荒凉,心中不禁涌起无限思绪,要有多大的能耐才能熬得住寂寞在这里垦荒?

李瑞琴,这个高个子的山东女人,一见面就给了我们热情的拥抱,然后开始讲她的故事。故事从她的婚姻讲起。年轻时的李瑞琴和妹妹及姨妈相依为命,等到了结婚年龄,她发誓,只要谁能接受她带着妹妹和姨妈一起出嫁，她就嫁给谁。就这样，她远嫁到新疆。

老公出身富农家庭，早年被批斗时逃离家乡来到新疆，从此在新疆落户。改革开放后，李瑞琴跟着老公一起，开过砖厂、皮革厂，做过边境贸易，赚到第一桶金，建了好几栋房子，添置了好几辆车子，全家的生活也算富足。那时，为了做生意，她常常跑到乌克兰、哈萨克斯坦、吉尔吉斯斯坦这些中亚国家。她告诉我们，乌克兰盛产樱桃，今天我们吃的大樱桃很多都是乌克兰的品种。苏联的社会主义制度给这些国家打下了很好的经济基础，但没有想到由于各种因素导致了现在的局面。这段颇具传奇色彩的经历，听得人心生羡慕。

或许是步入知天命的年龄，人生转了一圈，李瑞琴最终还是选择回到起点，重新做回一个农民。"我没有文化，只是一个农民，擅长的是种地。我过来种地，从零开始，种到四万亩地。我特别喜欢这个工作，今天人们都在为生态环境而担忧，而我希望用实际行动改善生态环境，尽好社会责任。我们带着一帮农民、一帮大学生，从一粒种子开始干到现在，大家在这个过程中慢慢成长。"

创业的最初阶段，李瑞琴几乎倾家荡产。历经前面 8 年的耕耘、后面 8 年的生产——16 年的艰辛创业路程，李瑞琴终于由一个默默无闻的农村妇女蜕变成了今天资产过亿元的企业家。李瑞琴自嘲是愚公移山，坚持不懈地向戈壁进军，16 年来修建道路 120 公里，架设高压线路 28 公里，栽种防风林 300 多万株，打机井 36

眼，铺设节水灌溉毛管700多万米，前后共投入资金2亿元之多。没有过人的毅力和魄力，以及心中的那个梦想，这根本就是一个不可能完成的任务。把一生赚来的钱，足够一家人富足地过完余生的财富，又投回茫茫戈壁，重新过回艰苦的垦荒生活，这个梦想的力量要有多大？如今，梦想已变成美好的现实，33 000亩葡萄硕果累累，还筑起了一道绿色防风屏障，改善了生态环境。

为了学习酿造葡萄酒，李瑞琴把儿子送到法国留学，儿子在留学期间不仅学习了葡萄酒的相关知识，更结交了一群朋友，能讲一口流利的法语。为了引进法国先进的酿酒技术和管理经验，李瑞琴邀请法国各大葡萄酒庄园主及酿酒专家、建筑师、园艺师、土壤专家等50多人前来实地考察，经过多轮磋商谈判，2002年终于成立了中法合资的乡都酒业有限公司，年加工能力为3 000吨规模的一期葡萄酒堡拔地而起，2008年，乡都酒业建成10 000吨葡萄加工生产线和3 000平方米地下酒窖。带有法国血统的乡都葡萄酒从此立足新疆，走向天山南北。

我们开车绕着葡萄园参观，接着又参观了酿酒厂、酒窖和文化馆，看着绿色的葡萄慢慢变成深红色的葡萄酒。一天下来，李瑞琴的一句话让我深受触动："这是一个百年一遇的好机会，我奶奶没赶上，我爸爸没赶上，我今年64岁，赶上了。我的孙子肯定也很好，往前还有很大的奔头。所以我很感恩，就是什么也没有了，也无怨无悔。"

把梦想变成现实，把不可能变成可能。每每遇到这样的传奇人物，我都觉得特别励志，60多岁的女人依旧能活得那么精彩。

无独有偶，就在那次新疆行的两年后，我又认识了李瑞琴的大媳妇李晓云。也许是命中注定的缘分，她爱上了自己的大学同学，但他得回到新疆库尔勒去帮自己的母亲开辟葡萄园。她就嫁鸡随鸡跟到了戈壁，加入了这个家庭的梦想之旅。第一年她非常不适应，几乎放弃，想回到城里过回自己习惯的小白领生活。但先生是长子，不可能不顾家人跟着她离开。出于对这个男人的爱，她最终妥协了。她说，从此自己嫁给了使命。

很难想象眼前这位身轻如燕、语调温柔、穿着飘逸的女人，已经在戈壁上生活了十多年。因为在大学里学过机械制图，所以婆婆让她画图，一期、二期、三期的规划图都出自她手。有一次她在飞机上俯瞰自家那块葡萄园时，忍不住热泪盈眶，眼前的那片葡萄园，就跟那时自己在纸上画的规划图一模一样。想起当年婆婆让她写十年规划时，一切都还是遥不可及的目标，因为葡萄籽能不能从戈壁上长出来都还是未知数，而十多年后，目标竟一点点全部实现了。

都说婆媳难相处，从李瑞琴和她的媳妇李晓云那里，我第一次听说婆媳之间竟有一种惺惺相惜的感情。在同一个屋檐下生活了十年多，一起为一个梦想奋斗，媳妇从害怕强势的婆婆，到两个人无话不谈，虽是婆媳，却亲如母女。婆媳之间能够聊天聊到天亮，出差时能同睡一张床。这个细腻的媳妇能感受到婆婆内心的艰辛和苦楚，能理解她强势外表下脆弱和慈爱的一面。

"之所以能这样去支持她,是因为我内心很理解她,甚至很心疼她,这么大年纪了,还在与时间赛跑,去做这样一件伟大的事。"从来没看过一个媳妇在说起自己的婆婆时,是那么动情而眼含热泪的。

或许,所有的真情都是用患难换回来的。相敬如宾远不如患难与共。

(原载《联合早报》2014年6月2日、2016年3月28日)

魅力的滋长

第一次在默沙东（Merck Sharp & Dohme）上海办公室见到潘斌，那叫一个惊艳。这位美国默克（Merck）集团高级副总裁，2012年起担任默沙东（中国）投资有限公司主席和总裁，身材高挑，一头长卷发，健康的小麦色皮肤，得体的衣着，讲一口道地美式英语，加上半流利的普通话，开放，热诚，自信，由内而外散发出一种魅力——Charismatic。

Charismatic在希腊语中的含义是"天赋"，20世纪初，德国社会学大师马克斯·韦伯后来将其引用为"魅力"之意。"魅力型领导"指的是具有一种超出普通人的人格品质标准，对别人有一种天然的吸引力、感染力和影响力，能够激发信心和信任的领导者。潘斌就有这种气质，我对这类智慧型美女情有独钟，特别"羡慕妒忌恨"。

她七岁就随家人移民到美国，刚开始非常不容易。上小学的时候，全班都是老外，而她英文非常差，所以很小就和别人不一样，就必须学会"生存"。大学时选择工程专业，后来成为美国大公司负责供应链管理的高级副总裁。在美国大公司做高管的中国人很少，中国女性高管更是凤毛麟角。这么高的成就，她却说其实没有什么诀窍,只有埋头苦干,比别人更勤奋和努力,没有其他捷径可走。但更重要的是心态,不要有"受害者"的心态,觉得在很多事情上对自己不公平,这世界没有什么是绝对公平的。别人嘲笑她的英文时,她反过来去教别人中文,以帮助自己更好地练习英文;别人不给她机会时,她用更大的努力去争取。她总结说世界上没有人欠你什么,该给你什么,只有自己想清楚自己到底要什么,努力、努力再努力。如果想做总裁,那就得埋头苦干,发奋努力;如果想要过快乐轻松的人生,那就好好快乐,但别想在事业上获得成功。人生没有公平,只有抉择。

潘斌用半生不熟的普通话和我们分享她在美国的生活经历,难得的是她以前每年都会飞回家乡探望奶奶。两年前决定回到中国时,丈夫和三个孩子也一起过来。家庭对一个女人来说还是最重要的。她说要平衡事业与家庭,自己要学会像水龙头一样,开关自如、转换自如,不然就会疯掉。一路走来跌跌撞撞,但自己天生是乐观派,所以即便再大的事情发生,都会往好处想。感觉很糟糕的时候,转念一想,自己有三个健康的孩子、一个快乐的家庭,还有一个非常好的团队,就觉得自己已经很幸福了,不应该再抱怨,没什么过不去的,首先要跨过自己心里的坎。

有一次听潘斌在台上演讲,她那种不用讲稿、发自内心的讲话,特别有感染力。不管在台上还是台下,她都是那种魅力型的人,自然地散发出一种人格魅力,激发周围人的信心和动力。她就是有本事使员工的认同和组织的认同结合在一起,然后进行重大的组织变革。

　　魅力型领导拥有三种特质：一是能够清晰地描绘愿景，调动和激发人的热情和创造力，自己也能以充沛的精力和奉献精神全情投入工作；二是能够"发电"，传达高绩效期望，唤醒个体的归属感和自我价值意识；三是能够通过言行举止，传达一套价值观，树立榜样，身体力行，其自信和风趣、乐观和热情是非常具有感染力的。

　　我问她魅力是天生的吗，她说不全然，她更愿意相信魅力是后天挖掘和练就的。不经一番寒彻骨，哪得梅花扑鼻香？保持乐观，保持激情，保持信念，是魅力滋长所需的阳光和养分。

（原载《联合早报》2014年5月19日）

非洲接触

又把写稿的事给忘了,怎么又过去两周了?真不知道是自己记性差了,还是每天都活在当下,总有忙不完的事,开不完的会,见不完的人,看不完的书,还要运动、SPA、做饭、看新闻,晚上还要和国外的同事用 Skype 讨论课题或组织研讨会,再和孩子们在 WhatsApp 上闲聊几句。时间都在这样跳着、蹦着、飞着、转着、规律着、不规律着,过去了。不知道这叫充实还是忙碌?

这一周刚好在忙着给一个非洲女性企业家班上课,在新加坡教学那么多年,真还没接待过来自非洲的学员。小时候在电视上看过中非乒乓球友谊赛,现在亲眼看到中非企业家友好交流,这对我而言是一次新鲜的经验。

新加坡人认为的国际化就是欧美化,殖民地心态还残留在文化底层,打从心里是崇洋的,时间久了,还以为自己也洋化了,反过来还排斥中国人、印度人,有时真不知道这种优越感是新加坡人的骄傲还是悲哀?前一阵子,南非总统曼德拉过世的时候,我和一个新加坡的朋友交流,他说曼德拉作为精神领袖当之无愧,不过精神不能当饭吃,还是希望有更多的李光耀,能将精神在经济生活中加以实践。我回应他:"新加坡人最关心的还是吃饭和住房,不了解失去自由、平等的痛苦,或许只有当我们失去时,才会知道自由、平等远比吃饭和住房重要。"

为了安排非洲学员在上海两周的学习,我联系了各行各业的企业家,安排参观和座谈交流,几乎所有人都非常热情地答应了,其中还有好些企业家在非洲有业务,了解中非贸易以及合作的挑战和机遇。这个过程让我直接感受到中非人民之间的友善和友谊。在中国的外交布局中,中非关系一直发挥着积极支持的作用。非洲是撬动中国和世界关系的战略支撑点,在一些问题上中国借助非洲的力量抗衡西方势力,所以非洲一直是中国的老朋友,见证了中国和平发展的进程,中国也很乐意帮助非洲的经济发展,中国现在已是非洲最大的贸易伙伴,贸易额已从2000年的106亿美元增长到2012年的1 984亿美元,两国一直是互惠互利的伙伴关系。

在开课典礼上,非洲学员们都打扮得花枝招展。她们全部都是第一次到中国,其中大部分来自加纳和尼日利亚。当然她们首先觉得上海十来度的天气非常寒冷,但这寒冷的天气却按捺不住大家的好奇和兴奋。我问她们对中国的第一印象如何,她们说非常干净、整齐、有序,中国人很热情、友善、有效率。我心里呵呵地笑,新加坡人好像从来不这样形容中国。

领导们致完欢迎辞以后,我做了简单的开场演讲和介绍,以为仪式结束以后就要开始参观校园了。突然有学员举手说:"教授,能不能问您一个问题?"我说当然。她问:"您是怎么保养的?"我愕然了一下。她进一步解释道："您是怎么保持这么苗条、这么充满活力的状态的?"全班的同学都帮腔："啊哈,您是不是运动? 节食? 还是吃了什么?"整个氛围热络了起来。

我转愕为笑,早已听同事说非洲是女尊男卑,女人是家庭支柱,所以比较敢怒敢言,不像亚洲女性那么压抑和含蓄。这么突然的问题,我只能凭直觉回答。我说,首先心中要有激情和信念,因为心才是能量的泉源,我热爱生命和生活;其次要经营好自己快乐的家庭,事业能给自己带来成就感,但真正的快乐来自家庭和孩子;最后要平衡自己身、心、灵的健康,所以一定要每周运动,做瑜伽,跳舞,做 SPA,享受生活。道理谁都懂,关键在于谁坚持去做。失败者找借口,成功者找方法。

女人与女人最大的区别,不是相貌,而是味道。会赚钱的女人不少,会生活的女人不多,越来越有味道的更少。恰逢三八妇女节,祝愿天下的女性都能越来越活出自己的味道。

（原载《联合早报》2014 年 3 月 10 日）

因为不甘寂寞，所以别样精彩

因为工作的关系，我认识许多女性企业家，有的干练，有的温婉，有的犀利，有的热情，但像史晓燕那样疯癫的却很少。与其说她是个企业家，倒不如说她更像是位艺术家——喜欢自由、速度、高效和时尚，喜欢享受生活，只开 SUV 和跑车，心情不好时会把保时捷飙到 230 迈，情绪化时会一针见血不留余地地骂人，有着设计师的随性和任性，毫不掩饰地在外人面前展现自信和自恋。 所以每次请她来和学员们分享自己的创业经历和梦想时，她的那份坦然真实、一点都不掩饰和做作的风格，让许多"为别人而活"的"端庄"女性，特别羡慕这个把自我活得淋漓尽致的女人。

史晓燕属虎，典型的 O 型血白羊座，透明、直接、热情、阳光、开朗、执着。5 岁进入体校，从游泳、跳水、跨栏开始，后来去打排球，一直玩到 18 岁，运动员的经历造就了史晓燕坚韧不拔、要强的性格，使得她在后来的商界生涯中敢于面对各种竞争，打造了自己的家具梦想王国——伊力诺伊。

说起来，她还得感谢新加坡给她的创业冲动，因为她是嫁到新加坡的"小龙女"。1982 年护校毕业之后，她成为北京协和医院的一名护士，但是还不到两年，她就熬不住打针送药、端屎端尿、日夜颠倒的生活，成为协和医院第一个停薪留职的人。她离开时，护士长说她"心比天高，看出去后能有什么出息"，但其他的同事却一点都不诧异，因为她就是个不甘寂寞的人。

后来她到外企工作，认识了当时的老板、后来的先生，再后来就嫁到新加坡做了全职太太。在新加坡做全职太太的日子并不好过，甚至一度得了抑郁症。她就是个不甘寂寞的人，为了调整状态，她把女儿送回国，开始让自己忙碌起来，从导游到房地产，甚至开始折腾着四处搬家。第一次在新加坡买房买的竟是红灯区的房子，她一看到样板间就冲动地付了五千新元的订金，就因为觉得房子太漂亮了。回家后先生问房子在哪，这才知道原来在红灯区，她马上把房子退了，还赔了五百新元。但她没有就此打住，反而一发不可收拾。

晓燕当时想要装修她在新加坡的家，但是走遍了新加坡各大家具市场，都没有符合她想要的效果和品位的，那时是在 20 世纪 80 年代。放眼中国市场，20 世纪 90 年代初北京也没有配套的家居品牌市场。而她在北京的几处房子想要租给外国人。外国人租房子的习惯是配套齐全，而且还非常挑剔。她没有办法在国内找到时尚洋气的家居用品，于是她想，既然新加坡和北京都买不到，那肯定是一个市场空白，自己的创业机会不就来了吗？于是她开始在脑海中酝酿创业的想法。

1994 年，她带着女儿远赴美国芝加哥大学学习室内设计，成为第一个从中国内地去美国学习室内设计的女性，虽然只有短短一年多，她却充分展现了自己对家具设计的天分和热情，成为一名设计师，更为以后的成功创业打下了坚实的基础。这个不甘寂寞的女人，从全职太太到海外学子，成就了自己人生的第二次转折。

一年多之后，一个朋友给她介绍了一笔生意，是为国内的一个别墅项目内的200多套房子提供所有家具，在完成学业和创业机会之间，她效仿了比尔·盖茨和乔布斯，中途退学。还没有拿到毕业证，毕业论文也还没写，她就回国创业了。

1995年对于史晓燕来说是不同寻常的一年，她在这一年中完成了四件伟大的事：生了她最小的儿子，盖了一幢别墅，创办了自己的公司，开了一家工厂。用她自己的话来说："普通人可能要分几年才能完成，我一个人却在一年中完成了。"这就是不甘寂寞的后果。

现在的伊力诺依已是一家多元化、产业化和国际化的公司，是中国家具界第一个开直营店的公司。经过十几年的发展，每年都有数百种时尚前卫的新款家具面市，目前拥有的家居、家具产品已达万余种，确立了在中国家具行业中的领军地位，是世界十大品牌家具的中国地区指定代理商，是一个集设计、生产、物流、销售于一体的运作体。史晓燕现在是伊力诺伊集团的董事长，集团旗下有七八个子公司。

当初在许多人的眼中，这个女人有点不守本分，心气太高，太不甘寂寞。但如果她守本分，甘于寂寞，就不会活得那么精彩自由了。人生这幅画，画笔在自己手中，不甘寂寞是一种选择。

（原载《联合早报》2014年2月24日）

刚柔并济

过去十多年里，女性领导者数量的增加引起了社会各界的广泛关注。1999年，惠普公司第一位女性CEO卡莉·菲奥莉娜（Carly Fiorina）走马上任，她也是首位在《财富》世界500强排名前20位的企业中担任CEO的女性；2006年，出生于印度的美籍亚洲人英德拉·努伊（Indra Nooyi）当选百事公司CEO；2011年，IBM迎来了第一位女性CEO——弗吉尼亚·罗梅蒂（Virginia Rometty）；同年，梅格·惠特曼（Meg Whitman）就任惠普公司CEO；2012年7月，38岁的玛丽莎·梅耶尔（Marissa Mayer）被任命为雅虎的CEO……这样的例子不胜枚举，女性开始在《财富》世界500强企业的领导层中引领风潮。

随着女性领导者的崛起，约翰·吉泽玛（John Gerzema）和迈克尔·安东尼奥（Michael D'Antonio）在他们的新书《雅典娜学说》中提出了一个有趣的观点，即女性特质的价值在未来将得到凸显。他们在全世界范围内对6.4万名对象进行的调查结果显示，传统的女性领导力和价值观正变得比过去的男子气概更受欢迎，因为我们所生存的环境正在走向一个更加相互依存、透明的状态，这就要求我们运用更加灵活、协作和注重培养的领导方式。无论是男人还是女人,都开始需要采取一种强调合作、长远思考和灵活变通的领导风格。全世界的领导者们,不论性别,都开始学习女性的思维方式和价值观以期达到更好的领导效果。真的是这样吗?

女性成长道路上的"玻璃天花板"

长期以来,领导者几乎和男人画上等号,许多领导力理论也集中关注具备刚性素质的领导人。40年前,埃德加·沙因(Edgar Schein)将管理者的特点分为"偏刚性""偏柔性"和"偏中性",让男性和女性管理者对相关特点的列表进行打分分类。结果显示,"刚性特质"要比"柔性特质"更符合被预期成为领导者的特质属性。这些发现在超过20年后依然有效,柔性特质被视为女性在管理角色中最大的短板。

社会科学家长久以来都相信,男性和女性在社会行为中因性别不同而起到不同的角色作用。社会角色理论提出,女性往往被定义为社会型的,如关怀的、助人的及温和的等特性;而男性则往往被定义为事务型的,偏向于决断、控制及自信等印象。一旦谁表现出了与其性别角色不符的性格特性,就会得到社会的负面评价。从领导力效果来看,男性和女性领导者即使表现行为一样,因为性别角色的差异,同样的行为也会受到差异化的对待。

这种女性性别角色和领导力角色的不相容被解释为角色一致性理论。女性在社会期望中的性别角色和工作中的领导力角色的矛盾甚至不相容性，使得女性领导者面临"双重偏见"：若女性为了扮演好领导者的角色而偏向于表现领导力所要求的刚性，她会被批评为不像个女人，因为她违背了社会对于女性性别角色的期望；但若她表现出女性的特质，她也会被批评为"太女人"，不适合当领导者。无论在何种情况下，女性都会得到负面的评价，这种刻板僵硬的性别角色的定义和期望也会导致管理失效，特别是在女性领导者拥有男性下属时更为强烈。所以女性领导者常会面临两边不讨好的困惑，从而丧失了理应被正确利用和认可的价值。

30多年前，《华尔街日报》用"玻璃天花板"一词描述企业和机关团体中限制女性晋升到某一职位以上的无形障碍。有许多研究得出的结论是，女性在企业的职业道路上会碰到"玻璃天花板"，很多企业没有给予女性平等和充分的表现及培养机会。同时，因为一般的员工（包括男性和女性）更容易接受男性上司，所以女性领导者必须付出更多倍的努力和牺牲才能得到企业的认可。许多还在挣扎的女性往往能感觉到"玻璃天花板"和性别歧视的存在，于是许多女性领导者索性把自己变成花木兰。也有许多女性为了保留自己的"社会角色认知"（Social Identity），害怕被拒绝，宁愿画地自限，将自己局限在传统的女性角色中，为自己设下心理天花板。

对成功的定义标准，男女有别

近年来，中国企业中女性领导者数量呈上升趋势，但大多仍局限于中低层职位，能攀登到高峰的女性领导者依旧很少。麦肯锡2012年发布的《女性至关重要：亚洲视角》的报告显示，在管理层中的级别越高，女性的可见度越低，中国CEO中，女性只有1%，董事会中，女性只有8%。

研究发现，许多媒体在介绍成功的商界管理者时，对成功的标准明显"男女有别"：对于男性，会更多关注其职业道路和领导风格；对于女性，则会更关注她们作为管理者、妻子和母亲所面对的问题与困扰。成功的男性可以歉意地表示对家庭的亏欠；女性则不同，必须取得事业与家庭的双重成功才算成功。男性的成功似乎更理所当然；女性则可能会面对性别认同的危机："我到底先是女人还是先是领导者？"

在媒体眼中，成功的女性领导者都非常进取，但社会还期望她们"阳刚"和"阴柔"兼具。如果她们的表现不像女人，就可能会被评论为"没有女人味、攻击性强、强硬、不和蔼、男人婆"；但倘若她们在着装、情绪和对员工的培养方面保持女性特点，又可能会被评价为太感性，不适合担任领导者。成功的女性领导者必须在"是女人，但又不能表现得太女人"的钢丝上艰难前进。除了拥有男性化的管理特点，女性领导者还必须让别人时刻注意到她的女性气质。

女性领导者是该像男人还是该像女人？

随着时代的进步和发展，刚性和柔性的领导力方式存在何种差异？如今，刚性特质是否依然是领导力的主旋律？过往印象中偏女性化的柔性管理在如今职场中的重要性日益凸显，所以我们需要在新的时代背景下重新检视刚性及柔性领导力的特征。

我和加拿大的同事两年前开始一系列的研究，希望检视性别一致性理论在过去研究上的不足。过去的研究总是将男性与女性作为对立面进行比较，或者把女性特质与男性特质作为对立面进行比较。鉴于过去研究立场的不完整性，我们进行了一系列的三个研究来回答有关性别特质与领导有效性的重要问题：领导者身上所具备的男性化与女性化性别特质，将如何影响人们所感知的领导有效性？我们在消费品行业中挑选了较有代表意义的两家公司作为研究对象，一家是以女性化组织出名的玫琳凯，而另一家则是相对处于综合性环境的辉瑞。总共有 128 位中高层经理（有男有女）和他们的 548 位下属（有男有女）参与了这个研究项目。

我们在研究中分析了性别特质，即刚性化特质和柔性化特质与领导力效果之间的关联。我们衡量了下属对领导者的信任和满意度以及包含四个维度的转型领导力。其中，转型领导力是指领导者激发追随者的潜能与动力，使其转变为能积极实现目标的个人的能力。近 20 年来，在领导力模型研究范围内，转型领导力模型被无数次验证为最有效的领导方式之一。领导者以个人魅力或团队激励，使部属感受任务的重要意义与责任，并激发个人更高的内在需求，从而为达成团队或组织目标而努力。

我们的研究结果表明：柔性特质与刚性特质对转型领导力的各

方面，如理想化影响、个别关怀、激发鼓舞、智性刺激等方面都有显著影响；刚性气质对于转型领导力中的理想化影响力和鼓舞性激励有着更为显著的影响；而柔性气质对转型领导力中的智力激发、个性化关怀、领导者与员工的相互关系、信任、领导力有效性，以及领导力满意度方面有着更为显著的影响。此结果显示，刚性特质与柔性特质都是影响领导行为评价的重要因素（见图1）。

图1 转型领导力

此后，我们进一步检视了性别一致性理论在过去研究上的不足，亦即过去的研究总是把男性与女性作为对立面进行比较，或者把女性特质与男性特质作为对立面进行比较。我们认为，一个评价最佳领导者的问题并非"他像不像个男人或她像不像个女人"那么简单，事实上，我们每个人身上都有男性化（刚性）和女性化（柔性）的特质，只是高低程度的组合不一样而已。

因此，我们将刚性特质和柔性特质类型通过矩阵分为四类，依次表述领导力类型中刚性和柔性所占比例对于领导力效果的影响（见图2）。刚性领导者一般注重任务导向，而柔性领导者则注重人际关怀导向；刚性领导者一般与权力、独立、理性、执行相关，而柔性领导者则偏向温柔、关怀、鼓励等。偏刚性的领导者在工作规范及执行力上较具优势，而偏柔性的领导者则在关系的建立及对下属的激励上较具优势，刚柔并济的领导者同时具备双向的优势，可以体现出最强的领导力。

刚性化倾向、柔性化倾向	高	低
高	刚柔并济型	柔性化型
低	刚性化型	模糊型

图2 刚性特质和柔性特质类型矩阵图

研究结果显示，当领导者为女性时，高刚性特质会比低刚性特质好，而高柔性特质也会比低柔性特质好，即对女性领导者而言，刚性特质上的性别角色不一致是正面的，但柔性特质上的不一致是负面的。换句话说，女性领导者可以像男人，但如果不像女人则是不行的。

同样，当领导者为男性时，高柔性特质会比低柔性特质好，而高刚性特质也会比低刚性特质好，亦即柔性特质上的不一致有正面效果，而刚性特质上的不一致则会有负向效果。也就是说，男性领导者一定要像男人，但如果能加上柔性管理，效果会更好。此项研究结果清晰地传达了一个信息，领导者不仅要符合自身与生俱来的性别角色，也要符合另一种性别所拥有的特质。亦即一个领导者，不管男女，拥有刚柔并济的形象，是必需的。

领导角色的柔性化趋势

传统的角色意识往往限制了女性在领导力方面的发挥，认为柔性特质会导致顺从或者情绪化的管理。由于社会默认的潜规则和自身定位的矛盾，女性领导者常表现出刚性的一面而压抑自身的柔性特质，结果是她们常会被视为是成功的（Effective）但却是不讨人喜欢的（Unlikable）。"她很能干但大家都不太喜欢她"，这就是许多成功女性的困扰，因为她以任务为导向而忘记了温柔。而随着时代的变迁，女性领导者柔性特质的优势在当今社会中已经变成有利因素，我们可以看到偏重权威和命令式的刚性领导方式已经慢慢被改变，越来越多的企业开始注重柔性管理。

成功的女性领导者都认为自己具备感性和敏感的女性特质，但同时也融合了铁腕、坚持、不妥协等一些刚性特质。这种刚柔并济可以促使女性领导者在矛盾中寻求平衡，可以平衡刚与柔、理性与感性等相反的力道，能够兼容、把握与化解不同方向的不同力量，能够融合矛盾、冲突的力量，化为一种更加平衡、圆融的能力。这种刚柔并济展现出一种惊人的平衡领导力——在商业社会中平衡刚与柔，平衡家庭与事业，平衡自己与他人，平衡做事与做人的力道。

同样，成功的男性领导者必须是刚性的，但如果他能发挥柔性的特征也同样可以在领导力及其行为效果上更加有效，更易于沟通和取得协作。男性逻辑思维能力强，更注重战略思考，但是对于一些细节性的事务，包括战略思考上的风险意识相较于女性都偏弱，而女性善于沟通及激励下属的领导风格也正是很多男性领导者所欠缺的。女性天生就有一种母性与成就别人的情怀，女性领导者把自我价值的实现、别人的需求放在重要的位置上，愿意去支持和造就别人，影响与激发别人的潜力挖掘及能力发挥。成全便意味着退让、妥协、牺牲，放下个人的成败得失，放下权力与掌控的个人欲望。这些在过去不被认可的柔性领导模式在今天显得格外有效，也是偏刚性化的男性领导者所需要补足的方面。

最近的一些研究发现，随着各经济主体在经济行为、人员管理、科学技术和文化环境方面的转变，传统的刚性管理模式开始变得低效，社会需要一种新的领导力模式。许多学者也提出要想在如今快速、多变的环境中取得成功，必须淡化组织中的等级制度而采取一种更为灵活的管理方式，合格甚至优秀的领导者必须具备良好的协作能力，有较强的合作精神，开明，对于人与人之间的交流合作更为敏感并加以关注，并且要更加注重对下属的关怀。这些理论都表明，有效且有影响力的领导力模式不应该局限于僵化的"刚性化"特质，而应该糅合更多女性"柔性化"的特质，只有刚柔并济的领导行为才可以使得无论是男性还是女性在作为领导者时拥有更加灵活的方式和领导优势。

"雅典娜学说"所言的观点如今正一点点地被验证：当代的杰出领导者，无论是男是女，都会拥有着从前被视为女性化的、不受推崇的特质，例如同理心和耐性等；而许多被归类为女性的柔性特质，将成为一个称职领导者所应具备的特征，女性特质的价值在未来会更加凸显。

（原载《哈佛商业评论》2013 年 9 月）

职场领导力谁更强，女汉子还是暖男？

网络时代，与传统性别角色观念不符的男女领导者都有了新名称，女性领导者被称为"女汉子"，男性领导者被叫做"暖男"。那么，在职场领导力对垒中，究竟哪一方更胜一筹？在团队管理和与下属的互动中，谁更富有成效：是雷厉风行的强势派，还是心细敏感的冷静派？

早在 40 年前，企业文化与组织心理学领域的开创者和奠基者埃德加·沙因教授就曾让男性和女性管理者对相关领导特点的列表进行打分分类。结果显示，"像男性"比"像女性"更加符合被预期的"像领导者"的特质属性。这些发现直到二十多年后依旧有效，研究的基本总结是领导力更倾向于男性特质。许多领导理论也是基于刚性特征，比如果断、竞争、权力等。

领导者最好具备"阳刚之气"的观念根深蒂固，在这种情势下，女性领导者在职场上势必面临两难——一边是与生俱来的女人味，一边是对其领导风格必须具有"刚性魄力"的要求，做好平衡委实不易，这一现象在"角色一致性理论"中得到了充分的阐释。

男性领导者只需展示"强硬",就会被赞高效;女性领导者却必须兼具"善解人意"与"强势决断"的特质。显然,社会对女性领导者的要求更高。

过去,性(Sex)与性别(Gender)两个词经常交替使用。男性天生就应是"阳刚的",女性天生就应是"阴柔的"。但是,随着社会与文化的变迁,曾经泾渭分明的性别角色区分正逐渐模糊,我们不得不对此提出新的参考框架。

基于近年来的研究,我们发现兼具刚性和柔性的特质对领导行为都有所帮助。刚性特质对于转型领导力中的理想化影响力和鼓舞性激励有着更为显著的影响;而柔性特质对于转型领导力中的智力激发、个性化关怀、领导者与员工的相互关系、信任、领导力有效性以及领导力满意度方面有着更为显著的影响。这种兼具"阳刚"与"阴柔"、"决断"与"温婉"、"工具性"与"表达性"特质的人可被称为"刚柔并济"(Androgynous)的人。那么,这对我们定义领导力技能会产生怎样的影响?研究后我们发现:

第一,刚柔并济型员工更容易被拥有相似气质的上司吸引。这一点倒是与心理学中的"共性吸引理论"(Similarity Attraction)相符合,亦即"志同道合"。

第二,阳刚型领导同阴柔型下属更投缘,亦即"异性相吸"。在心理学人际关系研究中,存在一种"人际互补理论"(Complementarity),这是"异性相吸"表现的心理学解释,与中国传统的"男女搭配，干活不累"以及"男主外，女主内"的观念不谋而合。但现代社会里，也可能是"女汉子主外，暖男主内"，关键是领导和下属之间具有刚柔互补的关系。

第三，当领导和下属的性别特质都不明显时，最糟糕的情况就出现了。在领导和下属都既不阳刚也不阴柔时，下属会认为领导无能，对其产生不满，继而不愿为工作付出额外的努力。

尽管尚未有研究证明刚柔并济的领导力一定优于传统的刚性领导力，但在下属眼中，刚柔并济型领导者都是高效能人士的典范。

综上，在研究职场性别特质时，我们还必须同时观察领导者与团队成员之间的互动效应，看双方投不投缘。对"女汉子"型的领导者而言，要想行事有效，在对待"女性化"和"纯爷们"型的男下属时，必须讲究不同的方式方法；同理，如果一个人天性"刚猛"（无论男女），仅仅因为自己是女人，就刻意表现出对下属的"温柔"，也未免太虚伪了。谁说女人就非得柔情似水，这样的假设是错误的。我们还是应该去了解下属的性别特质，以及这些特质对其作为下属这个角色的影响，继而采取恰当的措施。

刚柔并济与变革型领导力高度相关。无论是男性领导者还是女性领导者，要忠于自我就必须学会刚柔并济，同时能够视员工的性别特质灵活地采取措施。与此同时，女性领导者兼具"刚"和"柔"的特质，有助于缓解其在扮演领导角色时遇到的性别角色不一致的问题。

因此,我对全体女性领导者的建议是:不用强扮男人装"强硬"——做个"刚柔并济的领导者"即可。

(原载福布斯(英文)网站,2016年4月20日)

美丽的误会

最近受邀到韩国首尔参加第十四届世界知识论坛,主办方安排提前一天到会场做技术彩排,提交演示文稿,还得和几个翻译人员做会前沟通。在讨论到一半时,韩方的工作人员问我,主讲者什么时候到?哈,我是不是穿得不够职业,不够严肃,只有当秘书的份儿?在我旁边陪我参会的同事——学校的公关主任,马上告诉对方说我就是主讲者。"哦",对方很有礼貌地马上向我鞠躬道歉,"不好意思,因为您太漂亮了,实在没想到……"我觉得有趣,回说"谢谢",心里暗想:"韩国人还真会圆场,都不知道他是在贬低我还是在赞美我?!"

韩国人这么一说,我才开始观察起自己的装扮来:我们的公关主任是个牙买加人,她陪我去接受媒体采访时,大家第一反应都以为她就是主讲者,因为她穿得很职业,灰色大衣套裙,而我则戴着大耳环,穿着花裙子,看起来真的像个秘书。我心里暗暗偷笑。

记得当年刚回新加坡国立大学教书时,我还不到30岁,面对课堂上几百个大学生,自己没大他们几岁,又长得比较娇小,站在讲堂中央,怎么征服这些自视颇高的大学生呀?特别是那些服过兵役的男生,看着我时都是质疑的眼神。所以我那时爱扮老成,穿套装,盘头发,说话犀利、咄咄逼人,喜欢证明自己有观点,生怕别人不把自己当回事。

现在回想起来,那时候真挺傻的。许多认识我的老同事,都说我现在打扮得越来越年轻时尚,像上海女人。那是赞美吗?当然,女人爱美是没办法掩饰的,特别是上了一定的年纪后,不装扮一下自己,真会变成"大妈",那可太打击自信心了。上海这个城市,春夏秋冬四季分明,四季变换给了我变装的好心情。每季换帽子、换鞋子、换包包,生活也变得更有乐趣。所以我现在确实是越老越爱美了。

但除此以外,还有另一个重要原因,那就是我常会被误会。社会对女人有太多"刻板印象",女老板就应该严肃认真,女秘书就应该花枝招展,女教授就应该戴眼镜清汤挂面,为什么呢?我抱以调皮的心态,决定挑战社会的刻板印象,检验别人的反应,然后自得其乐。所以我穿花裙,戴各式各样的首饰、手表、帽子,涂指甲油……当然任何事情都要掌握个度,要不然反会弄巧成拙。每每收到由误会换来的抱歉和尊重时,我都觉得还是挺乐的,所以就继续这样美丽的误会。有时真被当花瓶时,我也自得其乐,冷眼旁观那些"狰狞"的面孔……

最近在看约翰·吉泽玛和迈克尔·安东尼奥的新书《雅典娜学说》,他们以希腊女神的名字命名这本书,书中提出了一个有趣的观点,即认为女性的特质和价值在未来会更凸显优势。他们在全世界范围内针对 6.4 万名对象进行的调查结果显示，女性柔性特质的领导力和价值观正在变得比过去男子气概的刚性特质更受欢迎。时代在不断改变，我们所生存的环境正在呈现一个更加相互依存、更加透明的景象，全球化和多元化的环境要求我们采取更加灵活、更多协作以及更重视培养和引导的领导方式。无论男人还是女人都需要开始采取一种强调合作、长远思考和灵活变通的领导风格。所以他们呼吁全世界的领导者们，不论性别，都要开始学习女性的思维方式和价值观，以期实现更美好的社会和生活。如果真如他们书中所倡导的，那柔性的力量将改变这个世界。

所以，女人一定要相信自己柔性的力量。女性身上具备很多男性欠缺的特质，例如温柔、细腻、敏感、观察力强、同理心强，如果这些特质运用得当，在职场和生活中都是巨大的优势，并不亚于男性所具备的阳刚、果断的特质产生的效果。《道德经》有云："天下莫柔弱于水，而攻坚强者莫之能胜。"意思是，天下没有什么比水更柔弱的了，可是攻坚克强之物却没有能胜过水的，足见柔性的力量之大。

活着的生命就应该是温柔的，只有逝去的生命才是僵硬的。愿天下所有的女人都温柔地、美美地活着，这是上天赐予我们的礼物，没有理由不好好把握。

（原载《联合早报》2013 年 10 月 21 日）

不一般的白酒

新加坡人和中国人的差别是白开水和白酒的差别。白开水或许觉得白酒特不健康,白酒或许觉得白开水特没劲。明明姐在我眼中就是一杯白酒,她觉得我特单纯,我觉得她特有味道,我们两人彼此欣赏。

她是福伊特造纸亚洲区总裁兼 CEO。福伊特是德国一家工业技术企业,为全球提供造纸技术、能源技术、驱动技术等服务,世界上每三张纸中就有一张是使用福伊特造纸机生产的。人民币的纸钞便是用他们的机器印的。我常笑她说不如直接印钞票来卖算了。

这个接近 60 岁的女人,高个,修长,喜欢戴大耳环,绝对爱美。一点也不像那个年代的女人。

"文化大革命"的时候,她父亲有一天跟她说:"明明,我告诉你一件事,我最近可能有变化,情况不好,可能要被关起来,你要有思想准备。"那时她才 15 岁。

父亲哭了,她却没哭,知道有什么事情要来临了,她反而特别冷静。她发现自己越在危难的时候越冷静,平常反倒是个急性子的人。危机时往往是激发她的潜能,使她状态最好的时候。

到农村插队，明明姐一下子从干部子弟变成了"狗崽子"，当时和她一起的十几个女孩儿都是干部子弟，大家都哭，她却没哭，特别冷静。16 岁插队，18 岁入党，在农村干了四年，当过妇联副主任，两年在工作队，一个村一个村地走，解决当时的问题。然后被提到了县里，再到长春，在中专学了几年，既是班长又是党支部书记。不管什么样的环境，她总是积极向上，培养了特别强的适应能力。"文化大革命"，上山下乡，都是无法改变的事情，在东北的九年是对意志的锻炼，回到城市的时候，她已经 28 岁了。青春就是那样度过的？我在那个年龄段时还在象牙塔里编织梦想。28 岁时我刚留学回国执教，还单纯得像个学生。人生的际遇，真是命运的安排吗？

回忆起这段往事，明明姐说她并不觉得失去了什么，反而觉得练就了自己适应骤变环境的能力。以后不管是出国求学，还是回国后到最偏远的云南贫困地区去创业，都没有特别的失落感，也能承受比较大的压力。她说许多事情不需要左考虑右考虑，外界条件也不再是一个因素，重要的是事情本身对自己的意义。她的眼神里有一种坚毅，一种强大，更有一种天塌下来也不变色的冷静。

后来她到德国学习了四年，学成后毅然选择回国在一家中德合资公司做事。不久，这家德国公司兼并了一家为云南红塔集团生产卷烟纸的小造纸厂，造纸厂由中方的部队和企业以及德方一起经营，中方任命董事长，德方任命总经理和技术总监。明明姐因而去了条件特别艰苦的云南，在一个特别闭塞和贫困的小县城落脚，她的事业发展就从那儿开始，开启了人生中又一段峰回路转的经历。

刚到云南，她陪着德国人，穿着也时髦，所以不太被中方接受。"一个女的怎么能在这个地方做总经理呢？"后来，他们找了中国香港人做总经理，德国人做技术总监，她就只能做翻译。谈判结束，德国人相继回国，她选择留了下来，想用自己的行动赢得中方和德方的认可。扎起头发，买好T恤、牛仔裤和老布鞋，她回到了上山下乡的日子……一晃半年过去，中国香港派来的总经理因为合作上有些问题，被责令辞退了，德方找了半年也找不到合适的人选，希望中方派一位总经理管理这个合资厂。这时中方反而提议："你们有人选呀，那个女的。她是个做事的人。"倒是德方内部有反对意见，觉得总经理应该由德国人担任，这个不懂技术的女人，怎么能胜任呢？结果，双方同意让她先做六个月的代总经理。从中国人不信任到德国人不信任，她一直处于被考验的状态。代职的半年也发生了一连串的问题，她拼得几乎连命都没了。

"我病得一塌糊涂，那个时候特别想家。发烧好多天，一直退不下去，点滴打了五天也没效果，吃不下饭，那里也没药，连先锋四号都没有。后来公司焦急地从昆明弄来先锋四号，连打七天我才缓过来，那次真的以为自己会死在那儿了。我给老公打了电话，告诉他我可能回不去了，可能死在那儿了……现在想起来都特别伤感。"

在那样的情况下，或许许多人早已放弃，退出或回家或转行，可是她一次又一次地坚持着，经历一次又一次的浴火重生，终于走到今天。白酒的味道就是不一般。

（原载《联合早报》2013年8月26日）

全球搜索女董事

"如果雷曼兄弟换成雷曼姐妹,也许就不会倒闭了。"

为什么?因为女人缺乏冒险精神。风水总是轮流转,过去都认为女人胆小心细缺乏冒险精神,但经过雷曼事件和金融风暴后,大家开始重新审视女性的观点和贡献。许多咨询公司和银行研究分析报告发现,拥有女性成员的董事会犯错误的概率较小,正是因为女性善于考虑风险因素。女性善于从不同角度考虑问题,对疑问有着锲而不舍寻求答案的精神。因此,董事会拥有足够的女性声音至关重要。

十年前,惠普公司大胆任用了第一位女CEO——卡莉·菲奥莉娜,受到全球瞩目,虽然菲奥莉娜后来卸任,但惠普还是继续选用了女CEO梅格·惠特曼(Meg Whitman)。IBM公司2013年1月1日正式任命负责全球销售的高级副总裁弗吉尼亚·罗梅蒂(Virginia Rometty)成为新一任CEO,现年54岁的罗梅蒂成为IBM百年历史上第九位CEO和第一位女性CEO。IBM这一商业帝国的企业文化以拘谨、沉闷和男性主导闻名于业界,却破天荒地启用了一位女性CEO。美国人敢于破格和创新的勇气,真是让人佩服。

2012年，领先的跨国高级人才搜寻公司CTPartners的研究显示，全球500强企业中的女性CEO为12位，而2005年时仅为6位。虽然7年间每年仅增加1位，但是特别突出的是这些女CEO们掌管的是更具影响力的企业。惠特曼领导的是全球十大企业之一的惠普，罗梅蒂领导的IBM是全球排名第19位的企业，其他女性CEO领导的则是排名第28位、第41位、第46位……的企业。

2012年12月12日，欧盟委员会副主席薇薇安·雷丁（Viviane Reding）公布了由多家欧洲商学院编辑的8 000位可担任董事的女性名单。薇薇安是女性董事强制配额立法的坚定推动者，呼吁将女性董事比例纳入立法，规定到2020年，欧洲企业的女性董事比例须达到40%。欧盟大企业董事会成员中，女性只占13.7%，比2003年的8.5%略有提升。欧盟是推动女性进入董事会力度最大的地区，2008年，挪威成为首个引入董事会性别额度的国家。此后，比利时、意大利和法国相继采取官方行动，推动更多女性进入董事会。英国首相卡梅伦曾表示："政府将致力于根除企业中男性高管互相输送利益的行为。因此，我希望看到更多的女性进入英国企业的董事会，我相信女性参与对董事会的影响将是积极正面的。"

2012年，女性董事成为全球企业的重要话题之一，许多企业开始了"搜索女董事"运动。早在2011年，Facebook就曾一度因没有女性董事而遭受抨击。标榜创新和颠覆性思维的Facebook，一直主张要推动社会和文化变革的Facebook，居然在董事会多样化构成方面落于人后，于是在一年内吸收了两位女性董事。许多跨国公司，如推特、谷歌、沃尔玛等纷纷寻找或者找到了首位女董事。

2010年的一期《商业伦理周刊》发表了一篇题为《董事会多样化与性别比例对企业社会责任和公司声望的影响》的文章。文中的研究发现，董事会中的女性比例对企业社会责任有着积极的影响。若女性董事多一些，可以使董事会对社会责任更敏感并且有助于其在解决关键问题时做出具有远见的决定。女性董事比率高的企业在慈善捐助、工作环境与社会环保责任方面做得也更好。女性力量在董事会中的存在也可以向利益相关者明确一个态度——企业会更关注女性和弱势群体——这也是社会责任感的表现。

2012年8月，瑞信研究院发布《性别差异与公司表现》研究报告，报告分析了全球超过2300家公司的数据后发现，在董事会中拥有女性成员的公司，其股价表现在过去六年里超过了董事会成员全部为男性的公司。拥有女性董事会成员的公司还拥有较高的股本回报率、较低的杠杆率，以及更高的估值水平。

可见，女性能以更柔和的身段和平衡的视角为企业及社会做出贡献。希望全球搜索女董事运动持之以恒。

（原载《联合早报》2013年7月1日）

女性为何对董事会说"不"?

无论欧美还是中国,女性在职业上的起步都较晚。近一个世纪以来,女性逐渐步入职场,并越来越多地在企业管理及经济发展中扮演起重要角色。越来越多的声音开始要求女性进入董事会,发挥其优势来帮助企业发展。但女性从职场前线到步入董事会的过程非常缓慢和曲折。到底是企业不情,还是女性不愿?

董事会的女性"可见度"低

企业女性领袖国际(Corporate Women Directors International,CWDI)历年发布的《财富》全球200强企业中女性董事的研究报告显示,女性在董事会中所占的席位由2004年的10.4%逐步上升到2013年的15%,但所占的比例仍然远不及男性董事的85%。与此同时,在《财富》全球200强企业中,由男性占据董事会全部席位的企业比例居高不下,始终占到1/4强。非营利性研究机构Catalyst的统计也显示,2012年《财富》500强企业中女性只占了董事席位的16.6%,连续7年没有明显增长。

美国企业的治理、管理结构都比较完善，其女性董事成员比例在过去一直处于全球领先地位，80%以上的美国500强企业中至少有一位女性领导者。然而，绝大多数女性只能作为董事会中的少数派，所起的实际作用非常有限。欧洲各国女性董事成员的总体水平一直较美国及北美地区略低。但欧洲各国以及欧盟在过去几年内陆续立法强制要求在部分企业如国有及上市公司中女性要占董事会席位的20%—40%不等。在所有欧洲国家中，目前北欧的挪威女性董事的比例最为突出，高达35%（图1）。

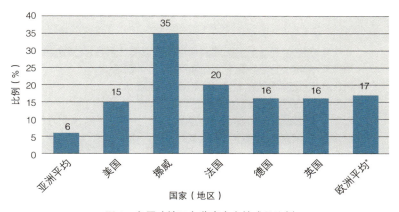

图1 各国（地区）董事会女性成员比例

注：* 包含瑞典、挪威、英国、比利时、荷兰、法国、捷克、意大利、德国，本图仅列出部分国家。
资料来源：麦肯锡数据库，2011年；年报。

亚太地区绝大多数国家（地区）的董事会中都极度缺乏女性成员，也没有太多推动女性进入董事会的政策法规。相对而言，澳大利亚和新西兰以及中国香港在公司治理方面比较接近欧美国家，女性董事会成员的比例也相应较高。光辉国际2012年年初发布的《董事会性别多元化计分卡：衡量亚太地区董事会性别组成》的研究结果显示，作为世界第三大经济体的日本，在《财富》全球200强企业中女性董事占比仅为2%左右；韩国从2004年至2011年则从未有女性董事出现。麦肯锡从10个亚洲市场的当地股票指数中选取了744家企业，分析其董事会和执行委员会的性别组成，发现在管理层中的级别越高，女性的可见度越低，董事会中，女性只有8%（麦肯锡，2012）。

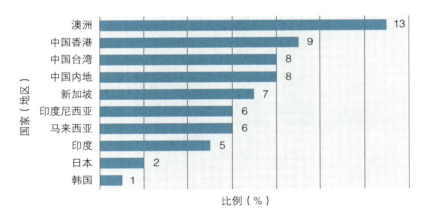

图2 亚洲各国（地区）董事会女性成员比例

注：原报告中将澳洲算入亚洲范畴，可能是按环亚太区域考虑。
资料来源：麦肯锡数据库，2011年；年报；麦肯锡公司网站。

尽管亚洲女性的职业参与率较欧美偏低，但中国女性的职业参与度却是亚洲最高的。尽管如此，中国上市公司的董事人员（包括董事长）由女性出任的比例仅从 1999 年的 9.2% 上升至 2010 年的 11.7%。在深圳和上海的上市公司中，女性董事会主席的比例在 2007 年是 4.6%，2013 年也只不过提高到 5.6%。2012 年，中国女性企业家人数达 2 900 万人，占中国企业家总数的 20% 以上，但女性董事却只有 8%。

现在全球各国都在积极推动女性进入董事会，但为什么女性董事的数量仍然相对较少？女性为何愿意就业、创业却不愿进入董事会？

为何女性不愿进入董事会？

关键在于，如果进入董事会却只能当"花瓶董事"，许多女性则宁可自己去创业，因为那样更能按自己的价值观和管理方式去创造价值。

社会传统对女性的误解

罗素在 2002 年时曾对富时 100（FTSE 100）强上市公司的董事长做过问卷调查，结果显示，社会传统对于女性含有歧视，认为不容易找到具备董事才能的女性。之前也有调查证明，执行官和董事本身不愿意推荐女性进入董事会，因为他们大多认为女性在学历和经验上都不合格，同时也担心女性董事会倾向于推广较偏激及有利于女性的议案。

治理型董事会需要董事具备宏观的视角。由于对细节的追求，社会普遍认为女性在战略思维层面上缺乏宏观意识，不符合董事会的要求。也有学者认为拥有太多女性的董事会会降低办事效率。但最近好几项研究都证明，进入董事会的女性其实更具国际视野。Peter 和 Philpot（2007）发现，美国《财富》500 强企业的董事会中，占比 13.2% 的女性拥有与男性董事相等或更高的学历。

遴选机制是个死循环

企业现有董事会的遴选机制往往是基于已经存在的董事会成员，由男性主导的董事会在选拔新的成员时，不太会挑选女性成员加入，这就形成了一种遴选机制的死循环——越是缺乏女性成员的董事会，越不会吸收女性董事的加入。研究发现，存在女性董事的企业大多是家族企业，例如下一代中的女儿或者创业者本身就是女性，因此走上董事之路是形势所迫；非家族企业中的女性董事或是愿意担任独立董事的女性尤其罕见。此外，以家族成员身份进入董事会的女性通常在董事会内也是少数，且不担任要职，实际起到的作用微乎其微。

女性角色典范的缺失

商界中看到的大多数成功榜样都是男性角色，能够鼓励和激发女性在董事会层面有所作为的典范角色极少。结婚、生子、照顾家庭占用了女性较多的精力，许多优秀女性在高管位置上面对自身角色定位及家庭事业平衡问题时止步不前，失去了进一步晋升的可能，甚至退出职场。

同时，董事会层面所需要的人才除了需要行业知识精专之外，还需要有强大的行业内人脉关系网络。而现有男性主导的董事会无论在关系建立还是晋升机制上，都更倾向于男性优先，这对女性进入董事会也是制约因素。

女性自身的心理天花板

与男性相比，女性在具体工作的执行方面往往更加细致、认真。然而，高级别的领导岗位需要管理者具有更高的视野、统筹力以及战略眼光，女性善于捕捉工作细节的优点往往成为束缚自身的枷锁。而女性的柔性特质，也使她们面对其他男性董事时，感到自身威信的欠缺。

与此同时，董事会成员所需要承担的压力和责任对于女性也是不小的考验。情绪敏感的女性面对担任董事所需承担的法律责任，其心理上感受到的压力远远大于男性，这使得女性不愿进入董事会，或者在决策时无法起到相应的作用，导致董事会忽视女性董事的价值。激烈的竞争，以及不断储备、更新知识和技能的需要，也是导致女性产生压力的重要原因。

如何推动女性进入董事会?

适度配额的遴选机制

欧洲有些国家实行配额制来强制改变董事会的遴选制度,让更多女性进入董事会。这也许是推动女性董事运动的一种手段,或许可能产生更多的"花瓶董事",但是如果没有硬性指标的推动,董事会就会陷入自动循环,董事会性别多元化就会裹足不前。所以我们鼓励企业董事会以理性态度来推动筛选优秀的女性人才加入董事会,40% 太过激进,20% 或许是个指日可待的目标。

配额制有效实施的前提是企业具备完善良好的治理结构。然而治理结构的改善并没有通用模式,也并不是一味地追求数字、比例就可以见到成效。对于中国的企业来说,董事会制度的建立、独立董事的职能设定等都还处于初级阶段,公司治理结构还不够清晰,所以在推动女性加入董事会的过程中不能一味盲目地追求比例,更重要的是要改善董事会的实际运行和形成开放的文化氛围,挑选合适的优秀人才来完善董事会的决策管理。

培养更多女性典范

家庭责任观念对于职业女性的影响在亚洲国家尤为突出。很多优秀女性人才之所以未能进入董事会,是因为事业和家庭难以平衡。这种情况下,已经成功的女性董事应当起到榜样的作用:首先要强化自身女性角色的价值体现,其次要注重企业内部女性人才的培养并关注她们的职业规划和发展，最后要积极推荐合适的女性董事人选。在以身作则的氛围下，女性领导者可以激励更多女性投身于更高层面的企业及社会责任中，这样才能打破现有董事会由男性主导的死循环。

组织董事"姐妹会"

男士们有所谓的董事"兄弟帮"（Big Boys' Club），在职或曾经担任过董事或高层管理职位的女性们也应该组织起来，系统地引导和鼓励年轻一辈的新女性加入董事会。董事"姐妹会"中，女性董事和高层之间不仅能分享管理经验和心得，还能建立人脉网络，并物色和培养有董事潜力的女性。除此之外，董事"姐妹会"还可以通过专题讲座和相关的研究报告，让社会和企业更容易接受女性进入董事会。

在新加坡，就有一个以鼓励和培养女性董事为主旨的妇女自助会——"Board Agender"，该自助会除了为会员举办一系列相关资讯和技术性的讲座外，每年也与学术界合作，调查及整理出一份《董事会多样性报告》（Board Diversity Report），调研女性在企业和法定机构董事会内所扮演的角色。在英国也有类似的董事"姐妹会"——"30 Percent Club"，于2013年3月在中国香港设立分会，目的是推广和鼓励更多女性成为董事，希望可以达到每个董事会至少有30%女性的理想比例。

努力破除自身局限

创业女性对于工作的承压能力往往要高于男性,这也从另一个侧面说明,女性是可以直面工作挑战的。关键在于,如何把传统上普遍认为的女性弱势转化为董事会角色中的优势因素。

女性应当积极提升自身的战略思维能力,也即对事物全局的、长远的、根本性重大问题的谋划。女性比男性更容易接受新鲜事物,学习能力更强,因而应该在职场中发挥自己的学习精神,以更为开放的心态面对能力上的挑战。

除此之外,企业也应当注重女性董事的形象推广。女性需要公共关系和可见的推广策略来建立公众形象。董事会层面的关系网对于女性来说也较为难得,企业或一些非营利性机构应当努力搭建良好的交流平台,使得优秀女性有机会进入这一圈子,通过沟通平台提升自己的战略性思维。

总体而言,女性步入董事会是一件逆水行舟的事,对许多有能力和才干的女性来说,不一定特别有吸引力,所以企业如果缺乏创新思维,低估多元化视角的长远效应,不更积极主动地求变,那么女性依旧会对董事会说"不"。

(原载《中欧商业评论》2013 年 10 月)

优雅的转身

认识佳芬姐是在几年前举办的一场论坛上。当时她还是光明乳业集团的一把手，能在国有企业当上一把手的女性，必定有其能力和能耐。但让我佩服的是她那一份赤子之心，以及活到老学到老的积极心态。最近我邀请她在女性领导力论坛上分享她从一线退休后的心路历程，让许多职场女性开始思考自己的职业生涯旅程，以及如何转换角色。

2009年从光明乳业退休后，她失落了好长一段时间，毕竟那是她用心血打造的一家企业。她每天写回忆录，希望通过写日记慢慢让自己放下辉煌的过去。两年后，她受平安集团董事长兼GEO马明哲之邀，成为平安信托副董事长，专门负责平安的私募股权基金所投资的五十多家企业的投资后管理。无论在业务、工作方式还是自身定位上，都是很大的转变。已年过六旬的她，依旧愿意活到老学到老。

"现在我做的事和以前做的事很不一样：过去我是一个人把企业做好，现在则需要影响他人，带领一批企业家把企业做好；现在我不仅要把企业做好，更要从委托我们理财的客户的利益出发，让企业价值最大化；以前我只关注一家企业，现在要关注不同成长阶段和产业中的企业。我的视野变得开阔，思维更为抽象化。我必须找到不同企业的共性问题，并解决它。"她的话语中隐藏不住那一份期待和兴奋。

我问她这样的转变难不难，她说最难的还是自己。以前自己在舞台中央，一呼百应，所有人都围着自己转，如今不再处于舞台中央，从主角到配角，要学会淡然以对。"一开始做风险投资的合伙人，是抱着小学生的心态去的，反复告诉自己要重新开始。即使这样，当人家开会的时候不叫上你，心态还是会很微妙，还是会有挣扎、难受的时候……"

女人特有的韧性让王佳芬主动适应了这样的"难受"。

刚到平安时，王佳芬不懂金融业务，她用了半年的时间去学习。每次开会都格外专注，快速记录，平均每两个月记满一本160页的大开本笔记本，先后向不同的人请教业务，认真阅读平安集团董事会的所有战略性文件，甚至把罗兰贝格给平安银行做的一份长达468页的战略发展规划一字不漏地读完。她一边学习业务，一边很快地进入了角色。她逐一走访平安私募股权基金所投资的几十家企业，试图从它们各自的问题中找到共性。中国企业这些年有很大的进步，但其实大多还没有找到一个纲举目张、牵一发而动全身的管理工具。王佳芬认为它们普遍缺乏全面预算管理，从企业战略，到业务计划，再到每个员工的绩效考核，需要一个完整的管理系统。要把企业从"老板治理"变成"法人治理"，第一个要管的就是老板自己。

"现在我工作的意义不再是作为企业一把手的意义,而是用我的经验帮助别人成功的意义。我想培养中国的行业领袖,因此充满热情和责任感。今天的我,不会去抢功,不会发表很多意见,不会在台前发表演讲,因为这些都不重要了。于是我就平和了,淡然了。"

从造就自己到造就别人,是一种优雅的转身。

(原载《联合早报》2013年5月20日)

一个你不知道的梁凤仪

读大学时常读梁凤仪的小说,没想到我在工作中能有机会接触到她,第一次见她本人是在她北京的家中。梁凤仪曾是香港最畅销的财经小说作家,创立了新财经言情小说风格,有着"梁旋风"之称,声誉遍及内地、香港以及全球其他华人地区。可能很多人不知道她也是个商人,是香港"菲佣"的首创者,后又跨入金融界、广告界、媒体界,谱写着商界传奇。

她经历过两次创业。20世纪70年代末,28岁的梁凤仪结束了自己在电视台写剧本及节目监制的打工生活,开始第一次创业。那时的香港现代女性越来越走向职场,但又要同时兼顾事业与家庭,于是她开创了至今仍流行于华人家庭的独特的"菲佣"模式。碧利菲佣公司在中环龙子行成立,办公室仅30多平方米,成为香港首家专为华人家庭引进菲佣的公司。创业资金是梁凤仪好不容易说服父母借来的三万块港币启动资金。因为是首家,梁凤仪面临许多第一次的挑战,她要亲自到菲律宾,跟劳工署、驻菲的英国领事局、当地的职业介绍所等联络,要在马尼拉成立女佣训练中心,对菲佣进行专业的培训。她也面临过各种状况,包括雇主主妇的抱怨,甚至菲佣人身侵害等各类问题。

香港中文大学毕业，曾随丈夫留学英美，却投身于介绍女佣服务，梁凤仪的父母和朋友很难接受。但在她的努力下，菲佣服务在香港得到系统性的推广，她也因此赚到人生的第一桶金，半年内就购置了自己的第一辆奔驰车。周围的朋友和亲戚逐渐接受了"这个引进菲佣的梁凤仪是我的朋友（亲戚）"。第一段成功的创业经历，使梁凤仪拥有了在商界发展的坚定信念以及敢冒险及吃苦的精神。她因此迎来了事业上的第二个转折点——进入新鸿基证券集团，也为她未来作为财经小说家以及媒体广告公司董事长跨出了至关重要的一步。

在新鸿基证券集团的日子里，梁凤仪曾经几乎将全部精力投入其中，有过连续数周每天工作近20个小时的经历，但她所付出的代价是婚姻遭遇红灯。为了挽救濒临绝境的婚姻，梁凤仪毅然辞去工作，跟当时的先生远赴加拿大，希望在异邦的新环境中改善婚姻状况。但事与愿违，她最终还是结束了第一段婚姻。在接受香港联合交易所的邀请回到香港后，梁凤仪开始负责创立国际机构事务部，重回金融界的一线前沿，也认识了后来的丈夫。

无论在事业上如何呼风唤雨，作为女性，梁凤仪认为最终还是要回归家庭，"如果要我选择，我最愿意做的还是家庭主妇，其次是商人，最后才是作家"。

梁凤仪的爱情经历了起浮，与前夫相识于香港中文大学，共同经历13年的婚姻生活，共度了蜜月、磨合、冷战、分开的波折婚姻历程。经历过失败，梁凤仪更加懂得珍惜。她告诉现在的丈夫："在我心目中，你和家庭是最重要的，如果有一天你忍受不了了，请告诉我，我会回归家庭，但请给我三到六个月的时间处理好公司的事务。"她说："现在，我的性格还是没有变，但心理的定位是很重要的。为什么现在我跟我先生相处愉快，因为他知道，他在我心目中是最重要的，男人也需要安全感，只要他知道，他就会支持你。相互之间的宽容与理解最重要。"

（原载《联合早报》2013 年 1 月 21 日）

活出精彩

她是唯一曾在通用电气公司（GE）美国本土有过多年人力资源工作经历的中国人，现主管 GE 整个国际业务的人力资源工作，是 GE 高管中少有的亚洲面孔，直接向其二号人物——全球副董事长约翰·赖斯汇报，并入榜《财富》（中文版）2011 年"最具影响力的 25 位商界女性"。

认识 Heather 是在我刚到中国的时候，那时她也刚从美国搬回上海，主管 GE 中国的人力资源管理。这几年，她又被派驻过欧洲和亚太地区，三轮的调派磨炼之后，Heather 现在已是 GE 的全球副总裁，掌管美国以外的人力资源工作，是一位很了不起的中英兼通、中西融汇的全球管理人才，还不到 50 岁。我特别喜欢和 Heather 聊天，听她讲述自己的传奇故事。

Heather 有个很"中国"的中文名——王晓军，还是她自己取的，我因此老喜欢取笑她。父母原给她取名王燕燕，因为她外祖父和父亲都是海军，她在海关大楼长大，从小就崇拜军人，那个时代都是这样的。后来她要求父母给她改名为王小兵，一番商讨之后，父母最终同意改为王晓军。晓军后来还真如愿以偿地当上了部队中的一名"小兵"。

在部队中 Heather 先有机会学习英文，又到首都师范大学进修。后逢部队大裁军，她便转业进入中信。八年的军旅生涯，给 Heather 带来的是意志上的磨炼，使她不论遇到怎样的艰难险阻，都能坚强地面对。

1984 年，Heather 在中信开始了她的职业生涯，主要从事进口汽车及汽车投资业务。当时中信在国内投资了数十家出租汽车公司，她便成了 1 000 辆出租车、1 000 个司机的项目管理者。那时司机非常难管，没有有效的体制，大锅饭思维，具体问题多如牛毛：司机不走计价器，被顾客投诉，出车祸，甚至还有司机被杀，各种各样的事情她都要处理。这对一个二十多岁的小丫头而言实在是个不小的挑战。这段经历不仅让 Heather 收获了很多实践经验，更重要的是让她找到了自己的职业方向。"那时我就对人力资源特别感兴趣，因为我要管理 1 000 个司机，当时人力资源还是个新兴的行业，以前都是国营企业的人事部，只负责发工资，我当时就想到外企去学更多人力资源的知识……"

20 世纪 80 年代末，AT&T 在中国要建立一个光缆生产厂，因为 Heather 有之前在中信的投资经验，于是便成为北京 AT&T 光缆公司的第一个中国雇员，与美国派来的总经理一起进行合资公司的建立工作。从寻找合作伙伴到谈判，从购买设备到人员招聘，一直到整个厂建设完成，他们用了近两年的时间。她出类拔萃的表现吸引了猎头公司的注意。后来，通过层层考核，她得到 GE 公司提供的到美国培训的机会。1994年,Heather加入中国GE,成为GE人力资源领导力项目中最特别的一位学生,是少数的几个外国学生之一,也是有近十年工作经验的"老"学生,而其他的学生全是比她年轻很多、刚刚毕业的美国人。

从中国到美国,对于Heather而言,犹如一次重生,她经历了许多的第一次:第一次裁员,第一次美国法庭诉讼,第一次被人挑战英文,第一次重整美国公司。但正是在这样的很多个第一次中,她一点点了解了美国文化,了解了GE文化,也一次次突破了自己的心理承受极限和性格弱点,从一个内向、委婉、含蓄的女孩,变成了一位独立、勇敢、有担当的女性高管。

从美国回中国,又从中国到欧洲、亚太……Heather一步一个脚印地活出了自己的精彩。

(原载《联合早报》2012年9月17日)

逆境商数

大家都知道海尔有个张瑞敏，但可能不知道和他并肩作战的还有个杨绵绵。

杨绵绵是海尔集团总裁，2011年第六次入榜《财富》杂志"中国最具影响力的25位商界女性"。过去28年，如果说张瑞敏是海尔创新变革的"精神领袖"，那么杨绵绵则是稳扎稳打推动高效执行的"掌舵者"。如果你以为她是个铁娘子，那就错了，她其实更像个邻家的老奶奶。60多岁的年龄却笑得像个18岁的女生——坦诚、真实而透明，没有丝毫的虚伪和造作。

出生于新中国成立前，成长在红旗下的杨绵绵，经历了半个多世纪中国女性的宿命，在她的身上你可以看到中国传统女性"逆来顺受"的精神，现代管理学名词叫"逆商"——逆境商数。

"一切发生的就是合理的"，她这句话让我怦然心动。"我个人成长的过程就是这样的，环境不好，就要更加努力来突破这个环境。不要去埋怨环境，埋怨环境就会被环境压死。你得接受任何事情的发生都是合理的，老埋怨是没用的，难道就不干了吗？我一直觉得女人多干点也没有什么，这一点并不一定因为时代的不同而有所改变。"

在杨绵绵看来，正是因为成长于复杂的环境，再加上天生的母性和包容性，女性反而更能处理复杂的事情，尤其是应付企业管理中许多复杂多变的状况。从这个角度讲，"逆来顺受"反而是种优势。

杨绵绵拥有工程师般缜密的逻辑和理性思维，有着研究事物本质的执着。她的管理方式也是如此，追溯问题的根源，并到现场解决问题。外表上，她并不"女人"，少了一种女性的娇柔，但也不是硬邦邦地难以接近。从她和周围人的谈话中，可以看出她对员工的关爱，看出她把母性特质带到了工作氛围中，也能深深感受到她对事业的热爱。她说要把企业看成是大家庭，只有大家庭好了，小家庭才会好，这种家庭和事业的融合观念在她身上显得出奇和谐。

她成功的秘诀就是沟通。"作为母亲和妻子，平时要善于传递信息给家人，让家人明白你的事业很重要，这样他们自然就会支持和理解你。而这其中的意义是你要传递给他们的。"

杨绵绵认为这也是作为女性领导者比男性优秀的地方，女性更容易做到与家庭成员的沟通和分享，而男性则喜欢把事情放在心里，与家人的沟通比较弱。"感染别人是很重要的，人要把自己的感觉传递给别人，让别人和自己有一样的感受，这是一种影响力，不仅对于工作和下属要有影响力，对家人也需要有同样的影响力。"

杨绵绵充分发挥了女性"逆来顺受"的特质：刚毅与温柔、坚忍与包容兼有，这种刚柔并济的特质，正逐步渗透到商界，打破商界须眉独霸的定律。

（原载《联合早报》2012 年 6 月 25 日）

全球跑步进入"她时代"

有人说，21世纪是"她时代"。从商界到政界，女性正扮演着越来越重要的角色，女性领导力正悄悄地进行着一场静默的革命。

从经济领域看，女性已经成为一股不可忽视的力量，有经济学家将这种由女性带动的经济增长称为"她经济"（Womenomics）。有人认为，当今全球成长最快、力度最大的经济力量不是印度，不是中国，而是一个群体——女性姐妹团。从实体经济到互联网经济，姐妹团都显示出了强劲的消费能力。企业若忽略了这个很会赚钱也很会花钱的族群，只能坐失良机。在"她经济"时代，女性市场释放了巨大的潜力，女性创业时代也正在来临，女性领导者和管理人才不断增长，给商界和社会带来了长远的影响。

我一直关注女性商界领导者，因为我觉得女性领导特质能为商业社会带来一种平衡，使竞争不那么偏执。我觉得亚洲不同国家和地区的商界女性各有特色：新加坡女性在多元文化思想的影响下，养成了一种严谨、平淡、规范的职业形象；中国香港女性在英国文化的熏陶中成长，有着一种独特的注重现实、干脆、利落的商业气质；中国台湾女性则受美国文化的影响，崇尚专业、理性、开放，积极地掌握商业环境和职场生存法则。过去几年，我在上海的中欧国际工商学院执教，近距离地接触了许多中国内地的女性商界领导者，她们带给我更强烈的触动。

我把她们分为女人50、女人40、女人30。50岁以上的一代像杨绵绵、刘明明、陈爱莲等，是中国当代商界第一批女性拓荒者。她们在"文化大革命"的狂热与迷茫中历练了内心的坚忍和耐力，在人生的跌宕起伏与历史变迁中，经历过失落的岁月，但很快自我重塑，获得新生。女人40的一代，像周晓光、愈喻、史晓燕等，她们不愿被改革浪潮中的"铁娘子"和"女强人"的形象淹没，更愿意把自己比作"花木兰"，在商场上和男人一样打拼搏杀。工作时像男人，回家时做女人，在平衡中寻求自己的人生幸福。女人30则是幸运的一代，在社会经济蓬勃发展中成长，成为时尚潮流的享受者与引领者。像刘伟、彭蕾等年轻女性，明显少了那份沉重与隐忍，多了一份阳光和自信。她们一改过去"女强人"或"女超人"的形象，更愿意以"美女"的形象示人，青春靓丽，妩媚多姿，潇洒自如，刚柔并济，充分发挥女性的特质，把"弱势"化为"优势"，在商界中长袖善舞，敢于表达，活出自己的精彩。

过去三十多年来，如雨后春笋一般诞生的女性企业家、领导者已成为中国商界一股崛起的力量和一道亮丽的风景线。而在全球政治领域，类似的场景也一再上演。

1974年7月，伊莎贝尔·马丁内斯·庇隆夫人就任阿根廷总统，意味着世界上第一位女总统的诞生。之后，女总统、女总理在世界各地相继登上政治舞台，以女性特有的温和力量、勇气与执着，为全球政治版图平添了温柔的色彩。

不仅是欧洲、北美、拉美国家，甚至亚洲、非洲等国家，女性领导者也开始崭露头角，即使在宗教教规严厉、传统思想深厚的伊斯兰世界，也不乏女性领导者的身影。1988年，贝布托成为巴基斯坦历史上第一位女总理，也是伊斯兰世界的首位女性国家领导人；此后的1991年，卡莉达当选孟加拉国总理；1993年，齐亚·奇莱尔出任土耳其总理。

进入21世纪后，亚洲出现的第一位女总统是菲律宾的阿罗约夫人，然后是印度尼西亚第一位女总统梅加瓦蒂·苏加诺普特丽，再后来是韩国首位女总理韩明淑、印度独立60年来的首位女总统帕蒂尔以及泰国历史上第一位女总理英拉。这些女总统、女总理们以她们温柔的力量影响着世界，改变着社会的面貌，一如韩明淑的口号"以温柔的力量改变世界"。2010年，国际政坛的目光再次投向两位女性：一位是澳大利亚历史上首位女总理朱莉娅·吉拉德，另一位是巴西历史上首位女总统迪尔玛·罗塞夫。

在全球政坛上，两位女性领导者不可不提。一位是2005年就任德国总理的安格拉·默克尔，她以独特的魅力和能力，在欧洲解决了数个棘手问题，此后又于2009年、2013年取得连任。2016年9月22日，彭博推出全球50大最具影响力人物排行榜，安格拉·默克尔排名第6位。默克尔在任期间，欧洲危机不断，而她则犹如整个欧洲的一根定海神针，在希腊债务危机、乌克兰局势紧张和叙利亚难民危机之际挺身而出。虽然引起了一些争议,但她所具备的领导能力全世界有目共睹。

另一位政坛女性领袖是希拉里·克林顿。2008年,希拉里成为美国总统大选中首次出现的女性总统候选人,成为奥巴马最有力的竞争对手,竞选失败后出任国务卿。2016年,希拉里再次成为美国总统热门人选,也一度被媒体和各种民调认定为下一任美国总统,可最终还是以微弱的劣势输给了特朗普。竞选失败后,希拉里表达了败选的悲伤,可依然不忘呼吁美国人民坚守美国的价值观和信仰,更鼓励全世界女性永远不要放弃,永远追求梦想。她说:"如今,我知道我们还没有打破最高、最硬的'玻璃天花板',但总有一天会有人做到,而且希望这一天的到来比我们预想的要早。小女孩们,永远也不要怀疑你的价值和力量,不要怀疑在这个世界上你理应有各种机会追求和实现自己的梦想。"

政治,曾经让女人走开。但在和平年代,越来越多的女性以其胆识与魄力,更以女性的柔软、爱心与包容,影响着世界。虽然过程不无艰辛,但我们可以相信,这一步伐永远不会停止。

(原载《联合早报》2012年2月27日,2016年12月修改)

她的书"习惯就好"

一个月前收到一封邮件,电影《中国合伙人》的制片人田朴珺约我吃饭。不可能找我拍电影吧?!这个名字让我好奇,因为她是一年前闹得沸沸扬扬的"红烧肉事件"的女主角。但让我觉得更不可思议的是她不仅上过我的课,而且我的课还给她留下了深刻的印象,她希望能当面答谢。

哦,我真不记得自己教过她。不过,那对我也是常态,因为我记人、记名字真不是一般的差,别人能做到过目不忘,我则是过目即忘。上课时,我也从不关注谁是谁。每次上课我都会乱套个"二八"理论,告诉学生,要把百分之八十的感情放在百分之二十的人身上,百分之二十的感情放在百分之八十的人身上。如果我问学生:"你们是属于我的百分之八十还是百分之二十呀?"他们都会不约而同地说:"百分之八十。"当然调皮的学生会问:"老师,我怎么能成为你的百分之二十?"我说:"努力呀!不断努力就能做到!而且要挂号排队。"哄堂大笑。

人,一辈子遇人无数,都是萍水相逢,能在生命中留下烙印的能有几个?

和朴珺在一家西餐厅吃饭。穿得简单随意，吃得简单随意，聊得也简单随意。从上课聊起，原来她在我的短期培训班里上过一门媒体管理课，那是好几年前我在长江商学院教书的时候，她当时是班里年龄最小的。一转眼，她已是制片人，到纽约学习过，搞过房地产咨询，拍过电影，做过投资，现在有自己的公司，最近到纽约拍了部网络纪录片，也正筹划办一所礼仪学校。一堆的想法，一堆的问题。话题不断转变，思维不断跳跃，从老奶奶的童年，到上学时的笑话，到事业上的周折，到纽约的生活，到人际的相处，到八卦新闻的女主角，我眼前这个女孩和媒体里写的"三流演员"和"第三者"，有不止一点距离。一顿晚餐下来，我觉得这就是中国"80后"女孩，不拘泥于传统，敢于冲刺，敢于追求，敢于尝试，跌跌撞撞，就为了走出一条属于自己的路，追求属于自己的梦想，虽然也不一定知道那真正是什么。但不尝试才是错，不犯错才是真正最大的错。

临走时，她跑到车上拿了本她的书《习惯就好》送我，扉页上写道："您的课让我一生受用不尽。"虽然我并不清楚自己在课堂上说了什么让她受用的话，但心中还是有一些感动。

书摆在桌上好几天没动。周末下午随手翻阅起来。这是一个对生活有梦的女人，所以她有很多感受。一个人，一件事，一句话，一段际遇，她用自己的方式诠释她的生活和世界。书中有许多"王老师"的智慧和身影，还有和"老王"游学美国的点点滴滴，包括"红烧肉故事"的来历，以及两个半桶水英语能力的人如何"一个是耳朵,一个是眼睛"地去听百老汇音乐剧。美国的生活确实能让人坦然面对自己,卸下身上的条条框框和热闹繁华。"你的哈佛,我的纽约",纽约和波士顿的距离,成为感情里最美的距离。

没有什么惊天动地的故事,就是一个女人努力做独立的自己、勇敢的自己、真实的自己的一份自白。

希望我们每个人,回首过去,不会后悔,梳理往昔,不会流泪,至少我们青春过,勇敢地活过,勇敢地爱过。

(原载《联合早报》2014年11月3日)

背后的女人

整个暑假都在忙乱中度过，忙完小的忙老的。母亲上个月住院，我临时取消了去美国和加拿大的计划，把所有的工作都放下了。或许很多人会认为我是个事业心强的人，但有时我都很诧异自己那种说放就放的潇洒。当然，这是经历过伤痛后修炼出来的。好多年前，我曾以为自己是不可取代的，但当我一转身，发现周围早有人等待上位，迫不及待地想要有表现的机会，我才意识到，我的得到就是别人的失去，我的失去就是别人的得到，在职场上没有谁是不可取代的。真正不可取代的只有自己的家人，那才是人生风风雨雨的避风港。

这几个星期，每天在医院进进出出，从新加坡国立大学医院到圣路加医院。发现在医院陪伴病人最多的不是家人，不是护士，而是女佣。母亲病房的五个病人就有四个由全职女佣看护，我们家还有两个轮班的女佣，一个菲律宾的，一个印度尼西亚的。几个女佣在一起，就自然而然地说起家乡话来，菲律宾的八卦各自的家事，印度尼西亚的也相互问候诉苦。每个主人的病情和性情也大不一样，左边的一直默不作声，对面的不断在电话中抱怨，旁边的半夜会说梦话骂人，斜对面的一直昏昏欲睡。这一屋子的女人，背后到底有几种命运？

我看女佣们都是耐着性子帮病人换洗，搀上扶下，然后无聊地坐在旁边等着，就和她们闲聊起来，这才发现，这些坚强女人的背后都有个不负责任的男人。五个女佣都把自己年幼的孩子留在家乡，最小的才两岁，大的六七岁，大多都托母亲看管，离乡背井为的是挣钱养家。她们每天的工作时间可能长达十几个小时，每个月只能休息、外出一天，每个月拿到工资就急着往家里寄。我很难想象自己如果照顾不了自己的孩子和父母，却得去照顾别人的孩子和父母，会是怎样的心情？但我不敢多问，怕触到她们的伤心之处。

老人家是挺难伺候的，特别是在语言不通的时候，估计母亲这些日子也没少给她们脸色看。我趁母亲睡觉时和女佣们说起她小时候吃过的苦：如何离乡背井和家人分居各地，如何在日军侵占时逃难，在印度尼西亚时又如何经历种族冲突和排华事件……所以，她才会那么没有安全感，不容易相信外人。嫁给父亲后，相夫教子，养尊处优，却在老年时先后失去老伴和儿子，那是撕心裂肺的痛，所以她有许多压抑的情绪，难以言表，时而悲观，时而不满，但更多时是无奈。我想让女佣们了解，每个女人的背后都有各自的命运和坎坷，需要更多的耐心和包容。

自从有了第一个孩子，我前前后后雇过七八个女佣，短的几个月，长的六年。偶尔和孩子们聊起曾经照顾过他们的女佣，他们都能记得相处时的一些趣事：Catherina 很会唱歌，照顾老大四年后不得不回家照顾自己的孩子；Sarah 长得像巩俐，她最幸运，跟我们一起到过美国和迪士尼乐园；Supi 最温和，对老幺无微不至；Suti 最能干，总是把家里打扫得一尘不染。当然最坏的那个被我们遣返了，她半夜从后花园招男人回屋，我从她身上的香水味发现了问题。搬到上海以后，陈阿姨在我们家做了六年，一直到孩子们都上了大学。最近孩子们回上海时还约她出来见了面，因为她时不时发短信给我说她特别想念老二和老三。尽管她的一些生活习惯有时真让我受不了，但她对孩子们的用心却让我很放心和欣慰。虽然这些女佣、阿姨们经常会因为各种问题被我批评，但我对她们都心存感激。如果没有她们替我分担家务琐事，帮我照顾老人和孩子，我不可能兼顾事业和家庭，也无法一直保持从容和优雅。

（原载《联合早报》2015 年 8 月 17 日）

背后的女人

母亲最喜欢的牡丹花

管理启示录

性恶论

教领导力课程时,我偶尔会提到早期麦格雷戈(McGregor)的X理论和Y理论。这个理论与孟子的"性善论"和荀子的"性恶论"有雷同之处。X理论相信人性是自私的,没有太大的上进心,不喜欢工作,只有安全感才最重要,所以管理者必须强迫和鞭策员工去工作,只有对他们进行压制和惩罚才能达到目标。Y理论则相信,人都喜欢工作也享受工作的乐趣,有创造力和挑战欲,只要了解目标和得到激励,就会愿意接受挑战也愿意承担责任。

道理好像很简单,大多数人也都认为自己是性善论者。为了让学生们认清自己,我把他们安排在行为实验室里,给他们一个案例场景和角色,由他们开会讨论和做决策。每次回播行为实验室的录像时,大家才意识到自己骨子里其实是性恶论者,对人有太多的不信任和伪信任。然后一场大辩论就开始了:人值不值得信任?员工可不可以信任?管理者该不该信任?我也不知道真理是否会越辩越明,但来上课就是为了颠覆自己的惯性思维和行为,让自己有个看问题的新角度。这种辩论往往没有结论,所以我最后会以投票的形式来结束辩论:我让全班同学投票,如果你可以选择,你会愿意为谁（行为实验里的领导者）卖命？答案不言而喻。

相信性恶论然后采用性恶论管理手段的，不可否认会有其优势；相信性善论的，管理手段也会是性善论的，当然更受教育水平高的知识分子的欢迎。但关键问题是大多数领导者以为自己符合性善论，但潜意识里的言行举止却都是性恶论的，惹得员工的厌恶和不屑，他还觉得自己明明是一片丹心，不明白大家为什么不能理解自己。很不幸的是，现实中确实有很多这样的领导者。只有进入行为实验室看到自己的录像后，学生们才意识到自己的盲点。我就喜欢把学生们带入领导行为实验室里去"修理修理"他们。

做老师还是挺痛快的，在教室里，大家可以放下身段相互学习和探讨，在行为实验室里，我更把大家变成"小白鼠"，试验自己的领导行为带来的反应。但比较懊恼的是，如果现实生活中自己的领导也是这样的，我应该怎么让他意识到他的盲点呢？

那天，有个同事来旁听我的课，下课后就迫不及待地跟我说，我们的一位领导就是X理论信奉者，他总是假设商学院的教授是自私的、爱钱的，演讲费高、咨询费高，大家都在拼命赚钱。这种假设搞得大家很沮丧，失去了动力。这位领导没有看到的是这些教授的市场价值，他们的点拨能帮助许多企业少走弯路，出去做咨询项目能同时收集企业调研问卷以便做研究分析。他看到的是失去的，而没有看到所得到的。许多教授都被他惹毛了，对他避而远之。他还自认为自己做的一切都是为了学院的利益，愿意做个敢于"得罪别人"的"变革英雄"。同事调侃我，是不是该让我们的领导也做做我的行为实验,让他也意识自己的盲点?我瞪了他一眼,然后两个人大笑一番。

前几天上课的班级里有个学生是阿里巴巴支付宝的老总,他介绍阿里巴巴的"武侠文化"时说,每个员工进来都会给自己取个武侠花名,从此大家都会以花名相称。花名文化里的"复杂关系"闹了很多笑话,因为突然会有人跑来介绍自己是你爹或你娘……透过花名文化能拉近人与人之间的距离,有利于团队精神。有学生说我像黄蓉,古灵精怪喜欢捉弄别人,因为我上课喜欢"修理"他们,如果是对那些坏蛋,我说不定会设法给他们下泻药。哈哈哈,想着都觉得乐!

(原载《联合早报》2014 年 12 月 15 日)

敬天爱人

去年访问日本时,我曾经拜访了京瓷(Kyocera)和无印良品(Muji)两家企业。这是当今日本备受尊敬的两家企业。拜访时就觉得日本商社的会长都是哲学家、思想家,有着很强的社会责任感和清晰的企业精神理念。"人活着是为了什么?企业活着又是为了什么?"这是他们不断思考和探索的问题。这对许多西方企业家和中国企业家来说,是虚无缥缈不切实际的问题。但在日本,那是企业存在的灵魂。

今天下午我又有幸聆听到稻盛和夫先生的演讲。83岁高龄的稻盛和夫先生,刚从日本飞来,下了飞机就直奔会场,向台下几百名企业家介绍了他的企业经营理念——"敬天爱人"。

稻盛和夫先生年轻时成绩一般,后来在一家陶瓷厂工作,工厂快倒闭时,和他一起去的四个大学生都辞职了,只有他留了下来。他吃住都在实验室,不断钻研,终于发明了世界领先的精密陶瓷,从此改变了自己的命运。1959年27岁时,他以自己开发的精密陶瓷技术为基础,创办了京都陶瓷株式会社(1982年更名为"京瓷株式会社")。创业时没有足够的资金和经营的经验,只有7位同志坚定的决心，7人就写了一份决心书，明确了设立公司的意义："我们团结一心，为社会为世人做贡献。同志聚集，歃血明志。"按上血印，宣了誓。就这样，京瓷从街道工厂开始，一路高速发展，现在的销售规模已超过1.5亿日元。稻盛和夫先生认为，京瓷之所以有今天这样的成就，是因为其从一开始就具备了一种纯粹的、崇高的理想。

52岁时他又创办了KDDI——第二电电，这是仅次于NTT（日本电报电话公司）的日本第二大通信公司。当时因为NTT的垄断，通信费用居高不下，为了打破垄断，必须有新企业参与竞争，通过正当的竞争把通信费用降下来。他说自己当时虽然有强烈的愿望，但并没有立刻就参与竞争。之后的半年，他反复扪心自问："自己的动机善吗？没有私心吗？"他要确认自己不是出于私心，而是出于"为社会尽力"的纯粹动机。1984年，他终于创立了KDDI。正是这种纯粹的利他之心及奋不顾身的努力，使得他创建的这两家企业现在都位居世界500强之列。

更为人所津津乐道的是，他在2009年78岁高龄时，力挽狂澜，拯救了已经宣告破产的日本航空公司。2009年，正当他潜心学佛、安度晚年之际，日本航空公司负债1.5235万亿日元，宣告破产。日本航空公司不仅是世界第三大航空公司，更是日本的"翅膀"。时任日本首相的鸠山由纪夫三顾茅庐，亲自邀请稻盛和夫出山担任这家破产公司的董事长。他开始时非常不情愿，后来却答应了，原因是考虑到其破产会影响日本的经济和形象，也担心会有许多人因此而失业。但以78岁的高龄上阵，几乎让所有人都为他捏了一把冷汗，怕他晚节不保。他答应出山后，只提了两个条件：不拿一分钱，不带一个人，因为他自己根本不懂航空业，但只为"敬天爱人"。

今天他分享了人生的三大经历：发明、开创、挽救。人生能做到其中一件事已经非常了不起，他却做了三件。他总结了企业用人的三个经验：人格第一，勇气第二，能力第三。热爱是点燃工作激情的火把，无论什么工作，只要全力以赴去做就能产生强烈的成就感和自信心，而且会自然而然地向下一个目标发起挑战。成功的人往往都是那些内心有激情且沉醉于自己所做之事的人。在经营事业的时候，更重要的是要拥有纯粹的理想——敬天爱人。

稻盛和夫先生的演讲，对我的触动很大。今天的中国，机会那么多，做出一家资产几亿元的企业并不难，但要做一家人人说起来都会伸出大拇指的企业却很难。在充满了诱惑、浮躁与逐利习气的时代，企业家更需要有定力，坚守内心正确的价值观，知道什么该做什么不该做，有时甚至要耐得住寂寞，才能在前进的过程中不迷失方向、失去自我。企业家唯有把"敬天爱人"这四个字的思想精髓运用到企业管理的过程中，善待员工，尊敬客户，时刻存有利他之心，才能取得事业的成功。唯有抛开个人对名利、金钱的追求，真心地从企业和社会的角度出发做决策，才能成就一家受人尊敬的企业。

（原载《联合早报》2015 年 5 月 18 日）

站在巨人的肩膀看世界

今年是中欧国际工商学院 20 周年校庆。才 20 年，还很年轻，早几年还是名不见经传，但在 2009 年全球 MBA 排名中，中欧国际工商学院 MBA 课程全球排名第八，成为亚洲首家闯入世界前十强的商学院，跑在中国香港和新加坡商学院的前面。大家因此开始注意到这所随着中国经济发展而起飞的商学院。最近这三年，从 2012 年到 2014 年，中欧的 EMBA 更是连续三年进入全球前十强，和许多欧美著名商学院平排并列。吴敬琏教授曾说过，中国经济的发展和国际化管理人才的培养，中欧得记功一笔。

这就是中国，不鸣则已，一鸣惊人。当你以为她还很落后，还有许多品质、素质问题，她的进步和表现却足以令人瞠目结舌。阿里巴巴的马云、京东的刘强东都是从默默无闻中冉冉升起的。未来，会有更多中国企业和中国品牌在世界舞台亮相。

为了 20 周年校庆，学院开办了一系列"大师课堂"，请了二十多位大师来分享智慧，每个月都有思想盛宴，让我有种"站在巨人的肩膀看世界"的感觉，使得眼界更开阔，生命更深沉。最近就先后请了两位诺贝尔奖得主前来演讲，那真是大师风范，我和同事们听后都觉得自己太渺小了，所做的研究项目真是不足挂齿，只能不好意思地低头继续努力。

其中一位是诺贝尔物理学奖得主丁肇中教授。虽已年近八旬，却依然精神奕奕，他以"我所经历的物理实验"为题，和我们分享了一位科学家的研究经历和精神。"在下雨时，一秒钟之内也许要落下千千万万的雨滴。如果其中的一滴雨有着不同的颜色，我们就必须找出那一滴雨。"那是什么概念呀？在千千万万的雨滴中找一滴不同的雨！而丁肇中就是凭着一股坚韧不拔、永不言弃的精神，发现了构成物质的第四种基本粒子——J粒子，在1976年获得了诺贝尔物理学奖。

他说做研究最重要的是选题，在挑选选题时，他会找几个顶尖的科学家聊天，了解他们的观点。"1994年，我在原子的世界里走来走去，这个实验别人从来没有做过——宇宙是怎么来的？这个工作后来有600位科学家参与，而当时几乎所有的航天专家都认为这是不可能的。"其中有个实验，就培养了300个博士。300个博士，那是什么概念呀？对我，宇宙这个课题太深奥，有一大半内容我完全听不懂，但内心却是汹涌澎湃，世界顶尖的科学家是那么专心和执着、严谨和聚焦。如果没有这股伟大的科学精神，就不会有人类伟大的探索和发现。

听众的问题稀奇古怪，什么方向的都有。他很多时候就是一问三不知，不知道就直接说"我不知道"。有人问他对最近香港"占中"事件的看法，正当主持人要屏蔽这道题时，他说"我来回答吧"。

接下来他描绘了自己每天的生活，早上七八点离家到实验室去，因为太太也在麻省理工学院上班，所以会一起出门。中午会找同事谈话，通常都是找有问题的来边吃边谈，他幽自己一默说同事都不太爱和他吃午饭。晚上大约九十点钟才回家，包括星期六、星期天也是如此。所以最后他还是回答自己并不知道香港的事件。

"我绝大多数时间都在实验室里，很安静地想着每一步有没有做错什么，一再地检验。今后十年不可能有人再做同样的实验，所以假使我做错了一个实验，就会影响整个物理学的发展。因为在天上的空间站是飞着的、不能停的，所以对我来说，没有星期六、星期天，没有端午节、中秋节、春节，任何节都没有。"

有听众问他能不能举个失败的例子，他直接回答，我没有失败的例子。全场鼓掌。和各国这么多的科学家合作，如何平衡政治关系？他简单地回答道，"我从来不跟任何人应酬吃饭"。全场又鼓掌。短短两个半小时的演讲，让人感受到了一个伟大科学家在科学道路上作为孤独行者的世界，也感受到了孤独行者内心深处丰富雄伟的宇宙世界。

（原载《联合早报》2014 年 11 月 17 日）

中欧的气质

中国品牌，法国制造

中国丝绸是古今、中外闻名的。但对于许多像万事利集团这样的中国丝绸企业来说，却一直有着品牌之痛。全世界90%的丝和80%的绸来自中国，似乎仍延续着中国丝绸的辉煌历史。然而，99%的丝绸企业仅能为国外品牌做贴牌和代工，一条价值千元的丝巾背后，中国丝绸企业仅仅赚取低廉的加工费，是典型的"中国制造"模式。

上个月，一张法国面孔出现在万事利集团的新闻发布会上，引起了众多媒体和丝绸行业的关注。他是法国"爱马仕丝绸控股集团前CEO"，而新职位是中国"万事利丝绸文化股份有限公司CEO"。这是条非常吸引眼球的新闻，许多媒体纷纷要求采访。这是万事利集团——一个中国民族品牌走向国际化的一步棋。

这位有着亮丽标签的新CEO巴黎特（Patrick Bonnefond）毕业于法国里昂大学，在法国丝绸行业从业二十多年。2009年，巴黎特出任国际丝绸第一品牌爱马仕丝绸控股有限公司总经理，负责爱马仕丝绸以及纺织板块。他在任的5年中，爱马仕丝绸部的营业额增长了2倍，利润增长了3倍。媒体对他的评价是"将法国丝绸的高贵和奢华推向了世界"。

从一家已传到第六代的法国家族企业跳槽到中国只传到第二代的家族企业，巴黎特说："全球奢侈品行业正在发生变化，奢侈品消费都在往亚洲尤其是中国市场迅速发展。中国在今后的发展当中不能简单成为丝绸加工国家。我认为一定会有一个中国奢侈品品牌出来。"他希望自己是这个推波助澜的人。

而主导这一幕华丽动作的正是女承母业的二代企业家、万事利集团董事局主席屠红燕。屠红燕的母亲沈爱琴自 1975 年起一直在丝绸厂生产丝绸面料，1999 年，她将原来的乡镇企业改制成万事利集团，在她的带领之下，万事利完成了民企改制、代工及品牌初创之路。而屠红燕接过母亲手中的权杖后，致力于使万事利从生产型企业向品牌型企业转型。她一直希望"打造中国自己的世界级丝绸品牌"，把万事利打造成"中国的爱马仕"。所以她和先生妇唱夫随，一边对外建立万事利的品牌体系，进行中国传统丝绸精神品牌文化的挖掘和复兴，一边并购法国企业，与世界级的奢侈品品牌合作。

要做"中国丝绸的第一"是屠红燕对万事利未来的定位。"只有具备了国际化视野，再融入中国传统文化、世界一流设计、高端制造品质等元素，才能做出与众不同的产品、属于中国的走出去的世界品牌。"

从 2013 年开始，万事利真正启动国际化的步伐，2013 年 11 月收购法国里昂的丝绸企业——MARC ROZIER，这家于 1890 年诞生在法国里昂的家族企业，生产丝巾的历史比爱马仕还长近 50 年，是欧洲仅存的两家能够做超高难度提花工艺的工厂之一。目前这家企业除了拥有自己的家族品牌外，还为全球包括爱马仕在内的 40 多个一线奢侈品品牌代工。现在这家企业属于万事利了。"法国制造"是一块品牌，意味着高端、精致。万事利更看重的是这家企业的百年底蕴，以及拥有深厚基础的制造工艺。

收购法国百年丝绸企业，加强"硬件"基础，又引进国际大牌 CEO 和他的设计团队，建立"软件"实力，中国二代女企业家的"大手笔"和魄力不得不让人刮目相看。屠红燕说，她希望通过这些举措拓宽万事利的国际化视野，为中国丝绸带来更为精湛的工艺技术和更为先进的管理理念。

"中国品牌，法国制造" 是万事利选择走向世界的道路，值得拭目以待。

（原载《联合早报》2014 年 8 月 25 日）

不忘初心

坐在上海最贵地段南京西路恒隆广场20楼的办公室里，我和玫琳凯中国总裁麦予甫聊着玫琳凯在互联网时代面对的"虚网"和"人网"的交战，觉得这是一家有信念、有灵魂的企业。

可能很多人都听说过玫琳凯这个化妆品品牌，但从来不会在百货公司或机场或任何专柜买到它的产品。因为它是一家直销企业，是透过人对人的网络去打造创始人"丰富女性美丽人生"的梦想。

玫琳凯公司是由玫琳凯·艾施（Mary Kay Ash）女士于1963年在美国得克萨斯州达拉斯市创办的。她原来在化妆品行业工作了25年，有着出色的业绩表现，然而，公司的升职机会却没有轮到她，而是给了她的一位男性下属。这种性别歧视让她感到非常愤愤不平，为了让其他女性不再遭受自己这样的不公平待遇，她决定帮助她们成功。最初，她只是想通过写书来传达自己的理念，后来觉得只有付诸行动才能切实帮助女性。在儿子的帮助下，她制订了一个能帮助女性成功的商业计划，用5 000美元的积蓄，创办了玫琳凯公司。经过50多年的发展，玫琳凯公司已成长为全球最大的化妆品直销商之一，年销售额超过35亿美元，在世界范围内培养了300

多万名美容顾问。

1995年,玫琳凯公司决定把美丽带到中国,一开始负责中国业务的是新加坡人蔡庆国,1998年蔡庆国升任亚太区总裁,当时负责工厂的麦予甫便接任中国区总裁。这两个男人,都是虔诚的基督徒,20年来一步一步地把玫琳凯女士的理念在中国发展起来。玫琳凯目前在全国约有50万名美容顾问。我参加过企业的年会和许多研讨会,那是一家很难想象的"女人的企业",女人的感性和韧性在这家企业里显露无遗。

因为是一家以女性为客户、以女性为员工的企业,所以玫琳凯有些特别与众不同的价值观:首先,"你们愿意人怎样待你们,你们也要怎样待人"的黄金法则。公司绝不是建立在竞争的基础上,而是建立在相互关爱的基础上。其次,"信念第一,家庭第二,事业第三"的生活优先次序。玫琳凯人相信,公司的出发点是"爱",如果家庭支持你的事业,你就获得了足够的安全感,事业自然会成功。再次,让别人感到自己很重要。最后,"不求回报地帮助他人"的乐施精神。这些听起来和商业社会非常不搭界的价值观,确实是玫琳凯的行为准则和规范。

玫琳凯公司曾经在纽约股票市场上市。但是上市后一些股东的关注点开始转向如何赚更多的钱而不是帮助更多的女性成就人生,这严重偏离了玫琳凯公司创办的初衷。后来公司决定向银行贷款,采用杠杆收购法回购所有流通中的股票,恢复私人家族式经营。即使在公司走向全球化之时,也一直都在坚持创始人的创业初心。

麦予甫在上任的第二个月便遇到了关乎公司存亡的重大危机，由于中国的直销行业当时正处于政策调控期，因此公司几乎有几个月无法展开业务，有些竞争对手受不了压力决定改变商业模式，直接转型做零售。但麦予甫坚持不跳过美容顾问直接接触消费者，因为玫琳凯的使命不是自己成功，而是帮助别人成功。

因为坚持公司的信念，玫琳凯中国现在已是安利之后排名第二的直销公司。而在化妆品公司里，玫琳凯去年排名第六。

近年来，互联网对传统直销模式的冲击日益加剧，面对互联网的冲击，许多企业都去掉"中间层"，压缩成本，直接面对客户。但玫琳凯依旧坚持不跳过美容顾问，这种靠人的感情和信任去建立的网络，在时效性和传播广度、速度上肯定不如互联网企业。其实，如果通过互联网渠道销售公司产品，其销售额可能会更加可观。玫琳凯公司的使命必须再一次直面时代的挑战。50年前的遭遇和50年后环境的改变，玫琳凯女士帮助女性成功的使命和初心是否应该坚持？

（原载《联合早报》2015 年 11 月 30 日）

当金字塔瓦解了……

一周内接受了两个电视台的邀请，录制了两档节目。年底每家电视台都竞相推出专题访问，围绕今年的社会动态展开议题，因此两个节目的话题都跟互联网时代的最新趋势相关。

之前在新加坡也会受邀上电视节目，但基本是职业打扮，清汤挂面，接近素颜亮相。但在中国，特别是在上海，每次采访，都有机会当一回模特儿，发型、妆容、服装都要讲究，任由造型师摆布，尽管坐久了会有点不耐烦，心里却是喜滋滋的，难得可以扮靓呀！

上海女人爱美、爱时尚。这也是我喜欢上海的原因，我很乐意"入乡随俗"。春夏秋冬，可以变换不同的装扮，感受不同的自己。在新加坡从没有衣服过季的概念，但在上海，衣服只穿两季，再穿就过时了。所以这里的置装费远远超过一年只有一季的新加坡。美，是要付出代价的。但爱美，也带动了上海的时尚经济，谁说得清楚利弊呀！

和我一起上节目的女嘉宾都是跨国公司的高管，个个自信知性，妩媚多姿，穿着时尚，一改过去"女强人"或"中性路线"的形象，更坦然地以"美女"的形象示人，充分展现出了女性的柔和气质。

时代确实是不同了!

节目谈的话题是工业化时代和互联网时代的不同。工业化革命的开始是因为蒸汽机的发明,机器的发明推动了人类社会的改革浪潮,改变了人类的生活方式。工业化管理强调统一化、标准化和机械化。企业管理借用了军事管理的模式,强调服从权威、中央决策。在工业化时代,金字塔的组织架构最有效,层级清晰,权威领导,集权决策,自上而下发号施令,小我服从大我。

21世纪,互联网的崛起引发了人类社会又一次的变革。互联网带来的海量信息和飞快的传播速度,使人类步入了十倍速大数据的时代,距离变短了,时间变快了。在这种背景下,原来的金字塔结构瓦解,层级坍塌,关系扁平化了,信息透明了,集权管理产生漏洞了,龙头决策开始失效了。

20世纪80年代末我还在美国的时候,和家里通信,一来一往需要差不多一个月。距离,让人难得见上一面。现在和家人,不管在美国的、澳大利亚的、新加坡的还是中国的,相互之间的日常交流只在弹指之间,换个发型,长颗痘,都看得清清楚楚。距离已经不再是思念的障碍。这十几年的改变,使我们突然好像生活在电影里,时间和空间的概念已经彻底被颠覆,世界变小了,速度变快了,变化更频繁了。很难想象以后是不是人界和灵界、地球和其他星球,拨开一层纱或拿到签证(护照)就可以自由出入了?或许地球以后就是一个地球村,宇宙间可能还存在许多其他星球的"人类"和"国家"?一切变化都超乎想象。

话说回来，为什么说互联网时代是女性抬头的时代？金字塔时代强调垂直管理，互联网时代更强调平行管理，组织形态更像渔网，扁平化、连接化、柔性化，鱼在哪，网就往哪撑，牵一线而动全身。从垂直管理转到平行管理，意味着管理的去中心化、去权威化，人更平等了。领导方式就必须改掉过往那种由上而下的权威导向，用更柔软的身段去维系线与线的连接，因为只有把线织好，把结打牢，才能捞大鱼。

工业化时代，女性当领导就必须学习男人的刚硬强势，甚至穿得也要像男人，不苟言笑，常被称为铁娘子或女强人。可是互联网时代，更强调平行管理，要求倾听、尊重、换位思考、协作，满足人的情感需求，需要有更高的敏感性和共情能力，对人有更强的包容力。这是女性柔性特征的优势。

金字塔是直线，互联网是曲线。女性的柔韧在这个时代会有更大的发挥空间。

（原载《联合早报》2015年11月2日）

这个时代缺少儒商

这几年在中国接触了许多中国企业家,见证了他们不断追赶和蜕变的过程。速度和改变在新兴市场几乎是生存之道,为了跟上节奏,有时会不惜一切代价,因为没那么多时间考虑和决策,只能"边开火车边换轮胎"。所以在中国,企业家都要十八般武艺样样精通,也要像孙悟空那样有七十二般变化,因为只有变才是永恒不变的主题。

见到黄世伟先生的时候,是完全不同的感觉。他是企业家的另一种境界,潮来潮涌,却一如既往,初心依旧。黄先生是住在新加坡的一位印度尼西亚(以下简称印尼)企业家。我和他在香格里拉酒店见面,几个小时聊下来,他不疾不徐,我如沐春风。他身上带有一种以不变应万变的风范和理想,跟他比起来,悟空们还只在修行的路上。

黄先生让我回想起早期和许多东南亚华商的接触,特别是印尼的华人企业家。我的第一个咨询项目就是印尼的一个家族企业,算是当年印尼的五大家族之一。家族七兄弟打造的产业包括林木业、家具业、船运业、养殖业、煤矿业、金融业,等等。我几乎每周或每两周都飞往雅加达、泗水、加里曼丹,不仅和公司高管一起整顿管理，也和家族里的成员交流，促进家族文化价值观和财富更好地传承，特别是七兄弟之间思想的协调和统一。我特别佩服老大 Hadi 先生敢于启用我这个初出茅庐的女博士斡旋于兄弟之间，起到润滑剂的作用，让他的几项改革倡议能够"软着陆"。这个项目做了七年，不仅使我的理论能更扎实地与实践相结合，也丰富了我的人生阅历。Hadi 先生至今依旧是我最钦佩的企业家之一。

黄世伟先生在印尼被誉为"食品之父虾片王"，他有着典型印尼传统华人企业家的儒雅气质。和许多早期的企业家一样，黄世伟幼时家境贫寒，父亲在他 24 岁时突然中风，卧病在床。家中还有 11 个年幼的弟弟妹妹等待照料，黄世伟毅然与母亲共同承担起抚养、照顾这一大家子人的重任。很多年后回忆起这段经历，黄世伟称自己对母亲的爱刻骨铭心，母亲的言行对他一生影响重大。

他 24 岁时开始创业，从事鲜鱼的采购、保存及运输，凭着自己的勤奋和智慧，业务发展得很快。长兄为父，黄世伟不仅自己开创事业，也带领兄弟和团队，帮助他们成功。家风是一种无言的教育，母亲和长兄的言传身教——重视道德修养以及勤于服务社会——悄悄地影响着每一位家庭成员。作为长兄，他非常欣慰地看到弟妹们在集团与家庭文化潜移默化的氛围中，先后成长起来。家族创建的印尼实嘉集团经历了近半个世纪的诚信经营，不仅成为当地家喻户晓的老字号品牌，还成功开拓了海外市场。印尼政府为表彰实嘉集团为弘扬印尼食品文化做出的卓越贡献，去年决定在黄世伟的家乡泗水——印尼虾片的发源地——建造永久的大型

FINNA 虾片纪念塔。

去年,黄世伟做了另一个重大决定,开始了人生的另一段旅程。2014年3月29日晚,波士顿大学管理学院在北京人民大会堂举行的百年庆典晚宴上,波士顿大学校长罗伯特·布朗教授隆重宣布,来自新加坡的印尼华人黄世伟先生接受波士顿大学的献议,捐资创办"黄世伟全球经济道德学院"。当然,和波士顿大学的缘分也源于他的女儿是这所大学的校友。

此前,波士顿大学管理学院院长肯尼思·弗里曼教授拜访黄世伟先生,同他探讨波士顿大学要继续保持世界优秀大学的领先地位,应该增加一些什么样的课程。黄先生思索后表示,从自己的人生经历来看,应该增加道德方面的课程。美国当时刚刚经历过金融风暴的袭击,中国也面对许许多多的商业道德问题。世界各个商学院都在反思商业道德问题,黄世伟的建议非常合时宜。波士顿大学董事会研究后,提出了一个跨世纪的捐设建议书,邀请黄世伟创办"黄世伟全球经济道德学院"。已经安然享受怡情养性的淡泊生活的黄世伟犹豫了一年,经过慎重思考后,终于决定把这件事情当作一份责任来推动。

"人无信不立,业无信难兴",这股信念一直支持着黄世伟和他的家族企业。

(原载《联合早报》2015年10月19日)

颠覆时代

互联网在中国是个让人头晕目眩的概念，B2B，B2C，O2O，虚虚实实，几乎所有的企业都得研究它所带来的巨大变化和挑战。这样的一种趋势也体现在每年招进来的学生群里，来自互联网行业的学员与日俱增，可以说现在几乎百分之九十的创业都和互联网相关，互联网医疗，互联网金融，连做人力资源的学员也出来创业，打造互联网金融人才招聘平台。为了跟上学生的节奏和步伐，我们的教学和研究就要不断地跟进，这就是在中国教学的压力——永远得跟上市场的变化和脉搏，却又要能不断地冷静和沉淀。

上周，学院在乌镇举办了一场教学研讨会，创业学教授Rama用自己写的一个"最后一秒订最超值酒店"创业案例和我们分享了案例的创业成败。这个案例是两个30岁左右的MBA学员毕业后的创业经历，企业在创立三年后最终被平台大佬京东收购。研讨会上不同系的教授就此展开了激烈的讨论——这次创业到底算成功还是失败？有人打2分，因为其商业模式存在缺陷，运营管理能力不足；有人打9分，因为产品初始的推广亮眼，引入了天使投资，最后还卖了不错的价格，至少不是血本无归。观点和角度不一样，结论就不一样。最后播放了一段他们对创业的反思，语调一点也不沉重，一副跌倒重来的样子，这就是年轻的本钱，输得起！

茶歇期间，我们都在感慨，世界真的被颠覆了。到底是我们教学生，还是学生教我们？同事笑说这是个非常莎士比亚式的值得深度思考的问题！他们的行动比我们轻盈，我们的思想包袱太沉重。这两位 MBA 学员的创业经历能被教授写成教案，觉得特别荣耀和有价值。上课的学员也特别喜欢这种"与时俱进"的案例，因为和现实生活贴近，又能学会从理论层面解读现实。过去老师高高在上，从知识和道德制高点向下传道授业的时代已经过去，互联网颠覆了师生的权力关系。

为了开发一个 C2M（Customer to Manufacturer）的案例，教学研讨会结束后，我从乌镇飞到青岛。与前面的案例不同的是，这个案例的主角张代理今年已经六十岁了。他在 1995 成立了一家名叫红领的传统服装企业，起初企业只负责设计和生产，但为了把生产出来的服装卖出去，又找渠道商又找代理商，中间环节太多，使得成本居高不下，利润被大大摊薄，企业无法长远生存下去。这是许多传统企业都要面临的生死挣扎。2003 年，张代理决定转型，转做个性化服装定制工厂，把渠道商、代理商等中间环节完全去掉，历经十年的实践，投入了近三亿元资金，建立了目前全球独一无二的个性化定制平台——C2M 平台。

客户可以在世界各地按自己的喜好量身定制服装。定制的第一步是量体采集数据下订单。量体过程只需要五分钟，采集身体十九个部位的数据。然后顾客对面料、花型、刺绣等几十项设计细节进行选择，或让系统自动匹配。数据送到在青岛的工厂，每个工人都有一台电脑识别终端，所有的流程信息传递都在电脑上进行。每件衣服都有一张"身份证"，即定制这件衣服的主人的相关信息。每个工人的第一个动作就是扫描电子标签进行识别，并根据其中显示的要求进行自动裁剪或细节处理，直到完成所有的要求，最后通过快递将做好的衣服寄送至全球任何角落，前后大约七天。因此，这是一家零库存的工厂。

走完工厂一圈，我完全颠覆了对传统工厂的印象。董事长张代理带着浓重的山东口音，和我谈起他这十年的转型路程，他说前面八年，大家都认为他是疯子，一直到两三年前，别人才渐渐理解他到底在坚持什么。他说互联网给他这样一家传统工厂一次凤凰涅槃的机会，他用了十年才磨成这一剑。

互联网时代，真正验证了"不颠覆，无生存"的预言，再也没有人可以永远躺在成功的温床上，曾经屡试不爽的经验如今很可能会失灵，墨守成规的结局只能是被淘汰，互联网兴起的短短几年，不知道多少企业如同大浪淘沙般消失了。互联网是每一家企业和每个人头上的"紧箍咒"，让他们不敢有丝毫松懈，但互联网同时也意味着新的机遇和无限可能，有无数令人耳目一新的商业模式问世并吸引了大批用户。从 MBA 学生的创业项目和张代理对传统服装行业的创新，我们看到，他们都是善于利用互联网去颠覆自我、颠覆时代的人。虽然过程不无艰辛，但带来的是更加便利的生活和更人性化的服务。生活在互联网时代,就必须让自己去适应它、利用它,虽然我们对它又爱又恨。

(原载《联合早报》2015年10月5日)

虎和豹的相知

为了写一个有关股权激励的案例,我飞到广州顺德参观了著名的民营企业美的。美的集团的董事长方洪波是我早期教过的学生,10年没见,他已经从创业者何享健手中接班,掌管着这家市值接近800亿元人民币的上市公司。

美的是何享健在1968年带领23位居民集资5 000元开创的乡镇企业,当时做的是玻璃瓶和塑料盖。直到1980年才正式涉足家电制造业,开始生产电风扇零配件,随后从电风扇做到空调、压缩机、电机、厨具、洗衣机等,目前是中国前三大家电企业之一。让我佩服的是,何享健并没有把企业传给唯一的儿子,而是在2012年传给了自己亲自栽培的爱将。

方洪波1992年加入美的集团时,只是总裁办下面的一份内刊的编辑。从最初写报告和发言稿开始学起,逐步了解了公司的运作流程。他是一个挺有个性和想法的人,跟着老板出差时,会时不时提出自己的观察,敢于提出疑问和不同的意见,这种风格得到了老板的赏识。而被赏识的结果就是不断丢给他不同的任务,把他甩到不同的岗位上去学不同的东西。20年后,丢给他的就是董事长的棒子。

美的发展过程中遭遇过无数危机，最重头的空调业务曾经滑至谷底，面临可能被竞争对手收购的危机。危机时刻，众说纷纭，何享健力排众议，起用而立之年的方洪波。方洪波临危受命，终于力挽狂澜，建立起自己在公司的地位，而他的业绩一直是几个业务板块中的佼佼者。

千里马可能到处都有，但要遇见伯乐还需要点运气。方洪波说自己这么拼命，一半是为了知遇之恩，所以必将泉涌相报。但和他同时进公司的几个负责不同板块的同僚，却没有他幸运，伯乐相中了他这匹千里马，其他的马也就相继离开了。所有的成功故事都有背后的无奈和代价。其中苦乐，只有当事人自己知道。

有时觉得男人和男人之间的关系是挺复杂微妙的。女人遇到知音，那是掏心掏肺无所不谈。男人和男人则永远是尽在不言中，在信任与不信任中游离。方洪波对老板的知遇，除了感恩却又保持着距离，他定义自己和老板是代理人和所有人的关系，两人之间有很大的信任，可是这种信任也可能不堪一击，稍微没把握好进退，就可能归零。方洪波跟着老板这么多年，老板的一举一动、一个手势一个表情，他就能猜到老板心里的想法。而老板对他，则"一半是海水，一半是火焰"，每隔一段时间，就叫他到办公室，然后拿出几张记得密密麻麻的即时贴，上面写满对他的评语。即使老板对他的想法不是特别赞同，也不会直接干预，而他也总能用自己的思路做出成效，最后老板只能说："我没用错人！"

我静静倾听着这种男人"知音"之间的微妙关系。脑海中浮现的是"虎"和"豹"的相处。能在家电这个厮杀激烈的战场立足的人没点狠劲是不行的。如果说何享健是只虎,有王者的霸气,那么方洪波更像只豹,锐利敏捷但更内敛。而虎与豹之间,谁也不可能驾驭谁,我服你但我也不服你。两者之间不断地观察、不断地互动,偶尔较劲,偶尔试探,偶尔否定,适当的距离就是最好的相处之道。

从一家乡镇企业发展成一家上市公司,从创业型管理走向专业化管理,从老板文化走向经理人文化,美的经历了一次又一次变革、一层又一层蜕变。方洪波也经历了一重又一重的历练,做事越来越利落,做人越来越低调。关键是他能准确把握自己的定位和立场。他说自己只是美的的一个"过客",在这个历史阶段,他负有阶段性的使命,有一天,他也会成为历史。豹,一直就是这么冷静清醒。

(原载《联合早报》2015年6月29日)

钢铁侠，黑蜘蛛，美国队长，鹰眼侠

从改革开放之初起步的创业一代，到1992年飞身"下海"激情的二代，到经历互联网浪潮洗礼站上高峰的三代，再到最近七八年才崭露头角的新生代，中国的企业家已是"四代同堂"。圣诞节期间无意和孩子们闲聊时提起，他们用很有趣的漫画英雄人物比喻这四代企业家。

改革开放的第一代企业家像"钢铁侠"（Iron Man）。他们当中有城市经济体制改革下诞生的企业家，如联想的柳传志，海尔的张瑞敏，华为的任正非，美的的何享健，万科的王石；也有农村背景下诞生的农民企业家，如万象的鲁冠球，正泰的南存辉，新希望的刘永好。他们敢想敢为，敢于冲破传统体制的束缚，勇于在坎坷中奋力前进。他们当中有很多人是军人出身，包括柳传志、张瑞敏、任正非、王石等，明显具有军人的勇敢果断和不屈不挠的气质，领导风格也大多留下了军人的烙印。鲁冠球、南存辉、刘永好等农民企业家的代表，也展现了"天不怕地不怕"、闯劲十足的一面。钢铁侠，顾名思义，有铁一般的意志，百折不挠，执着得近乎顽固，他们不一定讨人喜欢，却又让所有人不得不佩服，佩服他们永不言败的顽强斗志。

第二代企业家更像"黑蜘蛛"(Black Widow)。他们是1992年之后诞生的大批下海的企业家。邓小平"南方谈话"提出了"社会主义也可以搞市场经济",改变了中国的制度和政策环境,大批原先在政府、行政事业单位就职、手捧"铁饭碗"的人员纷纷下海创业,形成了以陈东升、毛振华等为代表的"92派"企业家。他们的优势在于拥有政府资源以及较高的政治敏感度,擅长与主管机构和政府部门打交道,对国家经济的宏观导向有着一定的先知先觉的优势。他们都曾是社会的主流精英阶层,具有较强的资源整合能力。因为对市场化企业运作不甚了解,在摸着石头过河的同时,机会主义也得到许多发挥的空间,"模仿赚钱就是创造"。他们靠原来工作中积累的人脉、钱脉、官脉,积极整合资源,创造无限商机。黑蜘蛛,八只脚八面玲珑,斡旋在不同人群之间,不断地适应不同的环境,建立自己的关系网,而这些网络正是这一代黑蜘蛛企业家成功之路的重要基础。

第三代企业家更像"美国队长"(Captain America)。这一代的企业家诞生于1998年前后,一部分是伴随国有企业改制、房地产市场化改革发展起来的企业家,如许家印、吴亚军、宋卫平等;还有一批是随着新经济的兴起,依靠风险投资、互联网经济迅速发展起来的企业家,如马云、张朝阳、马化腾、李彦宏等,他们的典型特征是高学历、年轻化,更具国际视野和创新意识,熟悉国际规则。创始人或管理团队具有"海归"背景的多,并且能够在全球竞争中博取一席之地。像马云、俞敏洪、江南春等当过教师的更是能言善辩，感染力强，有着知识分子的理想化情怀，能够使自己的梦想和企业的远景相结合，对未来充满热情。他们有更国际化的视野和包容心，愿意接纳更多样化的人才，更接近员工和客户，更人性化。美国队长，富有激情和正义感，充满梦想和抱负，具有群众魅力和感染力，是一个超凡的团队领袖。

第四代企业家则像"鹰眼侠"（Hawkeye）。这批新生代诞生于2005年前后，仍在成长期，更多集中于互联网、金融和投资领域。金融改革推动金融企业批量上市，民营资本大量进入银行、证券、保险、风险投资等领域。而针对国外网络公司进入的壁垒政策也无形中保护了国内网络公司，这为具有网络技术、金融投资技能的创业者提供了成功的机会。典型代表是小米科技创始人——雷军。"小米的盈利模式最最重要的就是轻资产，第一，它没有工厂，所以它可以用世界上最好的工厂。第二，它没有渠道，没有零售店，所以它可以采用互联网的电商直销模式。没有渠道成本，没有店面成本，没有销售成本，效率更高。更重要的是它可以把注意力全部放在产品研发，放在和用户的交流之上。所以，它把精力高度集中在产品研发和用户服务上。"这样的运营正是第四代企业家们所追求的。他们像鹰眼侠，拥有高超的技术和专业能力。他们像一只鹰，能高瞻远望，能精打细算，更能从远处进攻，从虚处下手，对目标更专、更精、更准。正如雷军所说，"互联网思维的核心是：专注、极致、口碑和快"。

（原载《联合早报》2013年12月30日）

走在钢丝绳上的"富二代"

中国的民营企业里百分之九十是家族企业，经历了二三十年的快速发展，正面临交接班的挑战。民营企业家一直是中国经济发展的"隐形英雄"，但老子是英雄并不意味着儿子也是英雄，许多西方学者研究发现，家族企业选择让子女接班有三大劣势：一是上一代的经营才能无法像财富那样遗传给下一代；二是巨大的家族财富往往扼杀了下一代的才能和进取心；三是总裁的位置天然留给儿子将挫伤职业经理人的积极性。

在中国，由于社会信任度比较低，职业经理人的人才市场也还不成熟，因此大多数民营企业家还是希望子承父业，对于多年实行独子政策的中国家族企业来说，这更是一个特别大的难题。要么孩子欠缺能力难当大任，要么有能力也好不容易培养成才了，可他对父辈的事业却没兴趣，宁可到投资银行工作或和朋友开个互联网公司。缺乏有能力又有意愿的继承人一直是困扰许多家族企业传承的难题，连"矮子里拔将军"的可能性都没有。

痛苦的不仅是父辈，许多二代也一直纠结于到底是选择自己创业，还是接父辈的班。不愿接班的原因可能是父辈的企业太"土"，自己没兴趣,也有可能是想摆脱父辈的阴影,证明自己具有自力更生的能力。而在接班后,由于和父母成长的背景差异很大,两代人之间存在严重的代沟,价值导向、管理理念、做事方法等差异非常明显。而在企业变革的过程中,年轻一代也在企业里受到元老的重重挑战,举步维艰。

为了做一项有关家族企业传承的研究,我从象牙塔中走入民间,大江南北转了一圈,在广州、深圳、温州、宁波、杭州、苏州、青岛等城市采访了近50家企业,有一代创业的,也有二代接班的,听了很多故事,其中既有时势造英雄,也有英雄造时势。

年长的企业家我过去接触了不少,但对新生代的接班人或所谓"富二代",倒是第一次近距离地接触。二代们确实比上一代人皮润肤白,一看就是家境优渥,不过,尽管他们身上少了许多历史的沧桑,但心理上也多了几分纠结。如果说上一代曾经欠缺物质上的享受和人与人之间的信任感,这一代人,欠缺更多的则是爱、关怀和人生的方向感。

"富二代"常被媒体报道贴上标签:名车、豪宅、派对、飙车、赌博、吸毒,等等,但我觉得那是媒体夸大的。我遇到过好些懂事、早熟、顶着压力鞭策自己成长的"富二代"。他们当中许多人小时候都不在父母身边长大,父母为了事业而忙碌,他们则要么跟着爷爷奶奶、外公外婆生活,要么被寄养在老师家里,有些甚至离乡背井在大城市读寄宿学校。许多"富二代"的成长是夹杂在富贵和孤独当中,挣扎在光环和阴影之间的。和他们交谈之后,不知道是该羡慕还是怜悯。年纪轻轻,已有太多"身不由己"。

小何在英国读书时,父亲突然过世,他只得放弃学业回来接班,当时他才 19 岁。接棒 10 年,现在也还不到 30 岁,但已非常老练沉稳,我能感受到他肩膀上沉甸甸的责任,他是肩负着重任往前冲。王晓家里尽管富有,但父母在他很小的时候就离异了,他跟随母亲长大,现在需要回来接父亲的班。方同说自己和弟弟是"野蛮成长"的,父母忙于事业,兄弟俩相依为命,现在特别不愿意去接班。

在青岛访问了一对父子,深深感受到两代人价值观的鸿沟。在国有企业干了几十年的父亲在股份制改革的背景下创业,儿子高中时就到新西兰读书,大学毕业后被召回继承家业。父子俩互相看不顺眼,我的采访最后变成了家庭辅导,无心插柳柳成荫,无意间帮助他们理解了彼此的差异和观点,找到了关系改善的方向。

未来 10 年至 20 年是中国民营企业的接班高峰期,时代背景的差距,让这两代人的交接棒充满困难和挑战,许多的"创一代"是时势造就出来的英雄,第二代是否能英雄造时势还真的需要天时地利人和。所谓创业容易守业难,我觉得"富二代"是值得同情和理解的,他们需要更多的帮助而不是被一味地批评和贴标签。

为了解决家族企业传承遇到的难题,我所在的商学院专为"富二代"开设了一门"继承者"课程。20 位学员均是平均年龄不到 30 岁的新生代,几乎都是海归,毕业于哥伦比亚大学、加州大学、伦敦经济学院、墨尔本大学等知名学府,能讲一口流利的中英文,基本上和新加坡的"富二代"或"富三代"已没有太大的区别。

这些年轻人将是中国家族企业未来的继承者，他们将要继承的企业资产，少则数十亿元，多则上百亿元。父母在"CEO"班上课，孩子在"继承者"班上课。衷心希望两代人能通过上课学习，相互走近一步，学会换位思考。

"继承者"课程除了有正式的授课，还有4个模块分别在4个国家和城市进行。去年11月去了日本早稻田大学，今年1月到台湾大学，3月到新加坡国立大学。我则陪"太子们"读书，边看、边学、边反思总结。眼界决定境界，未来的领导者首先需要开阔眼界。

在台湾的游学过程中，我们有幸邀请了台泥集团董事长辜成允来和学员们分享接班经验，教室里坐了接近30位海峡两岸的二代，都是挣扎在接班浪口上的年轻人。老实讲，我心里蛮同情这些年轻人的，表面上看去他们是在富裕和无忧无虑的环境中长大的，可是内心深处却有副极其沉重的担子。传到他们手上的家族企业，接或不接，是个非常艰难的选择题。

台湾辜家是赫赫有名的家族。辜成允的父亲辜振甫当年是"海基会"的董事长，"汪辜会谈"中的握手是历史性的一刻。身为次子的辜成允，从来也没想过要接班，一路走来都是哥哥辜启允跑在前面。他一直就在集团工作，然后玩音乐，没人会想起他或注意到他。

可是命运并不是那样安排的，2001年大哥因癌症过世，2005年父亲也病逝了。短短5年，家里的两根大柱子都断了。原来叔侄一起经营的事业，因为长子投资留下的债务，致使辜家面对矛盾，辜老在世的时候就决定"理性分家",金融板块归侄子,生产事业归辜老家族。因此辜成允不得不接手台泥。世界突然间变了天,爱玩音乐的他发誓,如果不能振兴台泥,他此生都不会再玩音乐了。

辜成允并没说太多家庭的细节,而是诉说了自己在接班历程中的三个遭遇:老臣的绑架,菜鸟的乱套,接班人的不甘愿。三句话中的每一句都触到了在座许多继承者的痛处。

2003年辜成允接棒时,台泥是一个在管理方式上比大陆的国企还国企的企业。面对一个60年历史的老企业,再加上台湾水泥业已经进入成熟期,发展的空间有限,许多台湾水泥企业早已到大陆开拓市场,寻求成长点,碍于辜老的身份,台泥回避了大陆市场的机会,反而使集团走了许多弯路。

变革一开始,辜成允就要面对老人和新人的斗争,老臣的抵触情绪特别大,辜成允最大的纠结就是该用强硬的手段还是缓和的手段来推动变革。他问在座的同学,从1(比较缓和)到10(比较强硬),大家会做什么选择,同学中有从2选到8的。他说自己当时选的是6,但回想起来,觉得自己应该用8或9,即更强硬和坚定,这样变革的速度和力度会更到位,因为任何的变革都会有钟摆效应,最终会回到一个平衡点,所以如果改革力度不"矫枉过正",最终不会落到新的平衡点上。可是在这个过程中,一定会受到很多批评和攻击。但是,"不吃苦,是练不出自己的担当力的"。他鼓励在座的二代,去接受挑战,因为那才是真正让自己成长的机会。

辜成允说他原以为一家企业的变革用三五年的时间就应该可以

完成，而他现在意识到没有十年，变革就不会完全到位。他奉行鹰式管理，对企业进行雷厉风行的整顿，采取问责制和赏罚分明的制度。在他的这些举措之下，台泥现在已脱胎换骨。当然，这和他决定进入大陆市场是分不开的，他用了加倍的速度去追赶落后的十年。

这位外表文质彬彬的董事长，已历经了十年的风雨历练。同学们问他，如果让他选择，他是否会想接班？他微笑着回答说，这是他生命中必须面对的，他接受挑战，因为那是自己的修炼和成长。同学们又问他是否会让自己的孩子接班，他说应该不会，因为他们没有兴趣，就让企业自然过渡吧。一切尽在不言中。

辜成允这个过来人的分享，让在座的年轻二代陷入了深深的思考。的确，接班，是他们的使命；不接，是他们的自由。而到底要做出怎样的决定，却不是别人三言两语就可以解决的。家庭出身，决定了他们要比普通年轻人活得更累一些。接还是不接，都是两难。

在日本的游学访问中，了解到日本把企业传给养子的做法，听起来好像有点不可思议，但在日本却是挺普遍的一种做法。日本企业重视才贤多于血缘关系，所以如果儿子能力不够，他们就会选女婿或养子接班。在西方社会，收养对象通常为儿童，但在日本家族企业中，以传承为目的的收养则主要针对企业中的成年人，养子必须更改姓氏并在户籍所登记生效。因此，日本养子继承方式的本质是从企业内部培养接班人，让足够多的人才成为接班人选，通过将高层经理职位由世袭变为开放竞争，让企业内部的优秀职业经理人变成养子，形成超越雇佣关系、接近血缘纽带的认同和承诺。女婿也可以改姓转为养子来接班,这是日本保护家族信誉和确保家族企业基业长青的一种独特做法。

有学者曾对日本上市公司中的392家家族企业和668家非家族企业进行对比实证研究,结果发现,采用养子继承的家族企业的业绩要优于血缘子女继承的家族企业,也优于非家族企业。养子继承这种方式对于解决家族企业传承难题具有三重功效:使家族企业有足够的继承人选来取代缺乏经营才能的血缘子女;激励家族企业内部高层职业经理人努力工作;潜在的职业经理接班人选也会给血缘子女压力,刺激其进取心,因为如果不够优秀就存在被养子取代接班的可能性。

所以日本是世界上拥有最多百年家族企业的国家,企业代代相传靠的不仅是血缘关系,更靠任用有才贤的养子作为一种补充和取代,避免企业毁在"败家子"的手上。更重要的是,家族企业创始人一直用心打造家族企业精神。在一种以恩义为中心的忠文化熏陶下,大家都愿意为家族信誉而奉献。

我觉得华人家族企业确实需要突破血缘传承的桎梏。

(原载《联合早报》2012年7月21日、2015年1月24日,2016年12月重新改写)

欧洲神秘家族的传承秘籍

中国有句俗语"富不过三代",澳门赌王何鸿燊、台湾台塑王永庆、香港郭家兄弟的家庭矛盾和财产纠纷,包括许多年前新加坡杨协成家族企业的瓦解,都不禁让人更加相信"富不过三代"的诅咒。

钱多作怪,"家和万事兴"的前提就是不能太有钱,一旦太有钱家就会不和了。但是上个月拜访的法国欧尚(Auchan)集团的第四代继承人贝努瓦·勒克莱尔(Benoit Leclercq),让我对欧洲的家族企业刮目相看。这个家族破解了"富不过三代"的诅咒。让人印象最深刻的是墙上挂着的一张一千多人的家族大合照,照片不是在很显眼的地方,也不刻意,贝努瓦说那是在他们一家五代人去年年底的聚会上照的,他们家族每年聚会两次。一千多人的家族聚会?我若不是亲耳听到,还真觉得不可思议,每代每个女性到底要有多少"产量"才会有一千多人呀?

贝努瓦的高组路易·穆里耶兹(Louis Mulliez)于1903年在法国创办了一家小纺织厂——菲尔达(Phildar),该厂经历了两次世界大战的洗礼,在战火中成长。1956年,成立第一家特许经营店,到20世纪末,菲尔达已经拥有1 500家零售店。路易的长孙杰拉德·穆里耶兹（Gerard Mulliez）在菲尔达的经营中汲取了许多零售业的经验。1961年，年仅29岁的杰拉德开设了第一家杂货店，但这家店并不成功，于是他在家人的帮助下在法国北部成功开创了欧尚大型连锁超市。欧尚将"自选、廉价、服务"三者融为一体，以超低价吸引消费者，成功跻身法国零售业巨头的行列，成为法国第二大以经营零售业为主的商业集团。40年内，欧尚登陆了14个国家，雇用员工17.5万人，年营业额接近300亿欧元，成为全球十大零售商之一，也是世界500强企业之一。

穆里耶兹的其他家族成员也在商场上大显身手，成立了体育用品超市迪卡侬（Decathlon）、汽车修理店Norauto、服装超市凯家衣（Kiabi）、平价连锁餐厅Flunch、比萨连锁店Pizza Pai、建材超市乐华梅兰（Leroy Merlin）、家电零售商Boulanger、设备租赁公司Kiloutou、连锁超市Simply Market等。这些企业共雇用36.6万人，营业额660亿欧元，它们全部由家族终极控股公司CIMOVAM控制。

这么庞大的一个家族企业，我觉得首先得归功于穆里耶兹家族的女人，能旺夫生子，人丁兴旺，家族人数以几何式增长。路易·穆里耶兹育有11个子女，长子也育有13个子女，其他子嗣也十分多产，现共有780名继承人，家族目前正处于第四、第五代交接时期。其次，我觉得穆里耶兹家族有很强的家族核心价值观。这也与他们世代信奉天主教有关，家族格言是"每人每事"（Tous dans tout），强调家族团结。任何参与家族企业的成员都必须遵守家族的"宪章"，例如男女平等，金钱需用来公平奖励勤奋工作的人，并且为每个人再投资。

在家族精神的指引下,穆里耶兹家族的每个成员都可以成为家族企业的拥有者。为保障其他人的利益,没有人拥有单方面更改自己的资产结构的权利。无论在家族中处于什么地位,每一份股权都对应着家族中一份固定比例的财产。家族每年举办一次家族内部的股权交易会,但前提是不能强调个人主义,损害家族利益的单向交易行为都是不允许的。在任何情况下,家族利益都高于个人利益。

穆里耶兹家族还有一套非常严谨和成熟的家族治理机制。家族设有四大机构,即穆里耶兹家族联合会、家族委员会、家族终极控股公司和家族私有基金。家族继承人的培养也有固定的流程,继承人首先应接受家族内部教育,传承家族对商机的鉴别力和企业家能力,并忠于家族利益。继承人可选择进入家族企业,也可独立创业。进入家族企业的成员必须从基层做起,以避免将高位传给无能的后代,使企业陷入危机。独立创业成功的将得到奖赏,失败的将受到惩罚。穆里耶兹家族还规定了家庭成员的退出机制、冲突的调解程序以及家族"宪章"的修订法则。穆里耶兹家族的治理机制秉承家族核心价值,并且在细节制定上处处维护其核心价值观。在这样严谨有序的治理结构中,难怪家族五代以来都能成功交接。

中国家族企业的治理依仗的顺序往往是情、理、法,家族关系主要靠情感维系,不行再诉诸道理和法律,往往既伤感情又有损家族利益。而像穆里耶兹家族这样传承百年的家族企业,其代代相传的秘籍却是先法、后理，最后才是情，再亲再近的人也要先设置好规则，良好的规则和秩序才能保证整个家族利益不被亲情、个人利益绑架，虽然听起来有些不近人情，但这样的好处是最大限度地维护了家族利益。

（原载《联合早报》2013 年 7 月 15 日）

心理死亡

刚从教室里出来,心中涌起一丝做老师的幸福感。学员们刚做了一个 360°反馈的解读和分享。许多学员被报告结果震惊了,原来"自我"和"他我"可以有那么大的差距。

上 EMBA 课的学员都是董事长、总经理,平时当惯了领导,自信的背后有时是自以为是,不知道自己的言行举止有时传达了许多错误的信息。拿到 360°反馈报告才意外地发现:啊,原来自己在上司、下属、平级眼中是这样的,和"自我"的认知有那么大的差距,原来人有那么多的盲点。

"做了十多年的领导,通过 360°反馈,才看清自己。原来'他我'和'自我'的差距那么大。虽然刚看到'他我'的评价时,有些不能接受,但静下心来回顾自己平时的管理风格和沟通方式,的确有很多不足之处。"这是课后学员们的反馈之一。每次看到这些已步入中年的学员,愿意不断反思和检讨自己,我就觉得挺感动的。

埃立克·福劳姆是第一位观察到人对自我的认识与对别人的感情之间的联系的行为科学家,他说:"恨他人同恨自己是不可分的。"了解自我是心理健康、个人成长、发展人际关系的先决条件。所以

心理死亡

要提高自己的情商，就要了解自己的情绪和行为反应。但我们常拒绝进行自我检验，因为自我否定是很痛苦的。深入了解自己，会使我们害怕、不安，甚至自卑、软弱、不知所措。深入了解自己的不耐和烦躁、贪婪和妒忌，可能会让自己都瞧不起自己，原来自己没那么好，甚至还挺自私和可恶的。否定自我是痛苦的，所以我们常用抑制或辩护来维护潜意识中理想的自我形象。也正因为这样，我们回避了个人成长，我们的心理早已死亡。

其实我们大多数人在35岁时，心理已经走向死亡，活着只是在吃老本，重复每天的生活，说得不好听一点就是活得像"行尸走肉"，天天忙碌，天天被牵着鼻子走，忙得失去了意义。35岁时该学的都学了，该懂的都懂了，已经形成了基本的性格和生活方式。加上步入社会多年，受过挫折、打击、失败、伤害，甚至被出卖过，我们已经学会保护自己，让自己不再受伤害，不愿意再自我挣扎，不愿意再面对自己，"反正就是这样了"！我们开始拒绝改变，拒绝成长，心理开始走向死亡。

360°反馈是一面镜子，让我们可以从别人眼中认识自己。当领导的更需要从别人眼中认识自己。内省是我们更新自我观念的动力，从而能够增进对自己的了解，使个人不断成长。但内省——更深地了解自己是一件很困难的事，甚至需要经过很大的心理挣扎和痛楚才能做到。

"我们在过了而立甚至不惑之年之后，选择来到这里，像孩子一样好奇而热忱地求知、探寻、欢笑、思辨甚至碰撞，探索未来。在360°的反思中，我和晓安、力齐三人轮流充当被辅导者和教练，让我们重新审视自己的取与舍；重新定义自己的责任与担当；重新思考成功与财富的意义；重新认识自己的优与劣，认识他人；找到继续探索与创造的源泉和力量。这一切，让我们能够再次启程，走得更远。"这是学员的感言，也是我作为老师的幸福感的泉源。

（原载《联合早报》2014年12月15日）

CEO killer

上周末到杭州阿里巴巴公司做调研，是为了写一个有关企业文化价值观和诚信危机的案例。阿里巴巴是我比较推崇的一家中国民营企业，氛围和外资企业、国有企业都非常不一样。我参加了他们的一个季度绩效管理会议，与会人员是阿里巴巴的子公司阿里金融的管理干部，40多个人，都特别年轻，也特别有个性。不奉承，不拘泥，在这里可以感受到中国"80后""90后"的年轻人那种不拘泥于传统、不服从权威的个性，讨论问题的角度也绝不是那种"小我服从大我"的思想导向。他们虽算不上张扬，但都挺有想法，从自己的角度看问题。从他们身上可以看到中国企业管理未来的挑战。

阿里巴巴的管理手段首要的就是它的价值观。这对新加坡企业来说，似乎有点务虚，许多企业宁愿务实。但在阿里巴巴，企业文化是"虚事实做"。季度绩效会议不是探讨结果，而是探讨每个抉择取舍背后的不同立场和价值观。马云曾经说过："这就是阿里巴巴。别人看是折腾，我们视价值观如生命。"使命、愿景和价值观是支撑阿里巴巴走到今天的动力源泉，也是公司在面对事情时做出判断的依据。阿里巴巴发展到今天，靠的是一直坚持客户第一。在价值观和业绩面前，他们毫不犹豫地选择了价值观。

因为这次机会，我认识了蒋芳——和马云一起创业的其中一员，被封为"CEO killer"。她已经让两个 CEO 因违背企业文化价值观而离职。在外面被传得风风雨雨的事件，在她的描述下就只是一个简单的基本原则——捍卫企业文化价值观，那是企业长远发展的基石。

两年前，阿里巴巴曾经发生了一次诚信危机，当时蒋芳作为负责人领衔调查，发现 B2B 公司的中国供应商签约客户中，部分客户有欺诈嫌疑！而更令人震惊的是，有迹象表明直销团队的一些员工默许甚至参与协助这些骗子公司加入阿里巴巴平台。同时查实确有近百名为了追求高业绩、高收入，明知是骗子客户而与之签约的直销员工！在危机事件的处理过程中，公司 CEO 卫哲和 COO 李旭晖引咎辞职。这是阿里巴巴成立以来最大的人事地震。卫哲，在中国企业界被誉为"打工皇帝"，是马云当年从百安居重金挖来的最高职业经理人。李旭晖，2000 年加盟阿里巴巴，历任阿里巴巴的多个职位，2009 年 5 月成为阿里巴巴董事会成员。一个是马云曾经在众多场合公开表示与其惺惺相惜的高管，一个是为阿里巴巴效力多年的有功之臣，在此项事件中双双落马。

马云当时很痛苦，整个春节都睡不好觉。"过去的一个多月，我很痛苦，很纠结，很愤怒……但这是我们成长中的痛苦，但是，我们别无选择！我们不是一家不会犯错误的公司，但绝对不能犯原则上的错误。如果今天我们没有面对现实、勇于担当和刮骨疗伤的勇气，阿里将不再是阿里，坚持 102 年的梦想和使命就成了一句空话和笑话！"蒋芳当时也很痛苦，坦然面对还是招了一身打，面对政府、媒体的各种谣传和质疑，她笑笑说，原来挨一顿打也就那样了。难怪蒋芳被外界公认为阿里文化和价值观最坚定的守护者及践行者。

（原载《联合早报》2013 年 4 月 8 日）

风景在路上

又一次走入戈壁

5年前，被同学拉去参加亚洲商学院间的一大盛事——玄奘之路商学院戈壁挑战赛，第一次在沙漠上行走，那种大地茫茫，风沙弥漫，孤独中行走的痛苦和坚持，是一辈子难忘的经历。5年后我又再次踏上戈壁之旅，这次和50多位企业家一起在茫茫戈壁上行走了83公里，历时3天3夜，用脚步丈量理想，用行动挑战极限。

从上海向西飞往敦煌，掠过灰色的连绵山脉，白雪覆盖山顶，在大地上肆意勾勒出曲线，没有绿色的森林，没有蓝色的湖泊，只有灰色的岩石和土黄的沙砾。从海滨飞行3 000多公里见到地球严酷的另一面。万物之神为何会在地球上安排这样一个地方？

抵达敦煌，与一群情绪亢奋的企业家会合，相互调侃是来戈壁找虐的！许多人都是第一次来，也是第一次要走这么远的路。

第一天从营地出发徒步24公里。走的是这里所谓的草原，却不是电影里那种浪漫唯美的画面，这里的草不是绿油油的而是黄茫茫的。所有的植物都紧紧挨着自己的那堆土，形成一个一个的疙瘩，其中夹杂着干枯的骆驼刺，容易扎破裤子或刺入鞋底，走起来很费劲，也容易崴脚扭伤。或许在灰色沙石间的枯草根部才泛着绿意；或许在没有色彩的景色中我们才会回到内心的跌宕起伏；或许在走路的孤独中我们才真正学会和自己的灵魂对话。晚上帐篷被飞沙走石不断吹打，第一夜，我无眠。

第二天走了 32 公里。不再是昨天平坦的草原之路。高低起伏，地貌多变，爬过一坡又一坡。穿越沟底，沿沟而上，路，时见时不见，曲折弯转，柳暗花明。时而晴空万里，时而黄沙漫天。渐渐地，身体开始挑战意志，漫漫长路中，眼中已无风景。脚起泡了，还在走；脚崴了，还在走；前面没有指引，我们在走，后面没有对手，我们在走；从筋疲力尽走到超越痛楚，从有我走到忘我；从满脑子杂念走到只剩下一个念头：继续走。走着走着，时间静止了，世界安静了，身体不痛了，灵魂清醒了。夜里，沙漠上的星空，满天灿烂。为这夜色，我再次无眠。

第三天的 28 公里，是三天里最美丽的旅途。早上 5 点出发，只为和日出相遇。走着，期待着，在黑暗中只听到沙沙沙的脚步声，走到一丝曙光从地平线上缓缓升起。那一刻的相见，值得一生一世的怀念。相继经过草甸子，黑戈壁，雅丹地貌。黑戈壁是个奇观，地面水平地伸展到四面八方，地表覆盖着黑色的砾石，据说以前这里是海底；走过雅丹地貌，刮起了大风，风沙漫天，沙土遮日，我们一队人如同千年前丝路上的驼队，继续前进，因为前方有座已成废墟的锁阳城在等着。这座城曾经是丝路上的重镇，旁边还有西域著名的沙塔尔寺，如今都随着这块绿洲的干枯而废弃了，只剩下了无人的黄沙世界。这一天走过历史的变幻沧桑，灵魂震撼。

戈壁是一块神奇的土地,踏上这块土地,生命突然变得真实和简单。我们傻傻地走了三天,每天超过七个小时。工作放下了,家人放下了,脸上的妆卸下了,所有的欲望放下了,所有的烦恼放下了。每天的目标很简单:走完全程;每天的快乐很简单:终点有可口的西瓜。没有洗漱条件,没有安静的睡眠,没人要求,没人抱怨。在这里,每个人都是兄弟姐妹,素不相识,相遇在这里,真诚在这里,主动的帮助在这里,温暖的拥抱在这里,所以,眼泪也就留在这里。

世界上只有两种人,走过戈壁的,没走过戈壁的!

(原载《联合早报》2015 年 6 月 15 日)

柔性**领导力**
李秀娟教授管理随笔集

戈壁上的行走——让灵魂跟上脚步

又一次走入戈壁

一个人可以走得快,一群人才可以走得远

山始终在那里

十一假期后一直处于忙碌状态,上课、做研究、开会,几乎没有周末。12月被邀请去参加一个协会的年会,在长白山。看到邀请邮件,我眼前一亮,那是我一直想去看的一座山。所以一口答应下来。

我对山有一种特殊的感情。小时候只知道武吉知马山,到美国留学时,到好几个教授家里过感恩节和圣诞节时,才知道他们都喜欢住在半山腰,面对一片绿油油的树林,俯视山下的景色,仰望白云蓝天。尽管每天都得上山下山,特别是冬天山路不好走,但每天早上日出,黄昏日落,那一份生活的写意和静谧,让人心生向往。

无独有偶,先生也是个山痴。在美国时,他每个周末都喜欢徒步登山,享受山上的空气和阳光。所以我们的婚礼是在曼荷莲(Mt Holyoke)山上举行的。那天,阳光特别明媚,空气中也弥漫着独特的芬芳。从那时起,我就和山结下了不解之缘,而且是一辈子的不解之缘。

从此,有机会,我都会投向山的怀抱。

中国是个多山的国家,有许多名山。有的巍峨壮观,气势雄伟；有的旖旎秀丽，千姿百态。有人喜欢尝遍天下美食，而我则想看遍中华名山。

最早去的一座山是泰山。泰山位于山东省中部，是有名的五岳之东岳，有丰富的自然遗产：山峰、岩洞、奇石、溪谷、瀑布、山泉，也有数千年的历史文化遗产：古建筑、古遗址、古碑石，等等。对她印象深刻，不仅仅是因为她的景色和历史，还因为那时是带着三个儿子爬山，这几个小家伙第一次把我抛到了后头。我骤然间发现原来孩子们都长大了。

黄山是去过最多次的一座山，因为是旅游景点，许多公司的会议也选择在那里召开。黄山位于安徽省南部，每次去都会有不一样的感觉。有一次还被安排坐了轿子，那是最可怕的一次爬山经历，好像随时都会被摇摔到山底，让我深深体会到路还是要自己一步一步地走。之前听说"五岳归来不看山，黄山归来不看岳"，我觉得是夸大其词了。黄山确实气势磅礴，万壑峥嵘，奇松、怪石、云海，的确非常独特，但我还是觉得它太险峻了。

佛教四大名山：山西五台山，浙江普陀山，四川峨眉山，安徽九华山，我前后都去过。最喜欢的是峨眉山。峨眉山以雄秀壮观的自然风光和佛教文化著称于世，去的时候是春季入夏，百花争艳，万紫千红，和一群朋友一起嬉笑玩闹，坐在山腰喝茶闲聊，非常惬意地与峨眉山相会了一回。

九华山是和一家房地产公司的董事、高管们去的，据他们说九华山的地藏菩萨是主管房地产的，所以房地产商每年都要到九华山去拜拜。我还记得我们竞赛登山，我远远地把这些平常不烧香，临时抱佛脚的老板们抛在了后头。

　　云南的玉龙雪山、山东的崂山、江西的庐山，都是和家人旅游时去的，尤其是庐山变化莫测的云海、神奇多姿的流泉瀑布，给我留下了深刻的印象。前年和一群禅友去了武夷山，去前虽没有抱太大的期望，却让我觉得非常流连忘返。武夷山位于福建省北部，是世界自然与文化"双遗产"之一，有丰富的自然生态资源，我们还上茶山亲自体验了一番采摘茶叶的乐趣。武夷山碧水丹山，清新自然，旖旎迷人，是许多参禅修道之人喜欢聚集的地方。我特别喜欢武夷山那种天人合一的和谐感，让人返璞归真。

　　冬天的长白山，别有一番滋味，白茫茫的雪山，让人觉得在天上而不在人间。长白山位于吉林省东南部与朝鲜接壤的边境地带，延绵1 000公里，曾有过火山喷发，主峰上的天池是中国最深的高山湖泊，湖面海拔高达2 155米，让人惊艳。我从来没有在冬天爬过山，脚趾都快冻僵了，却还在半山腰吃冰激凌和温泉蛋，零下40度也不过如此。

　　生活千翻万转，道路千折百绕。山，始终在那里；爱，也始终在那里。

（原载《联合早报》2015年12月14日）

山始终在那里

爬上长白山

重新认识日本

最近和一批中国企业家参加了"2013全球商业智慧·日本周"的访问,主题是"百年企业的变革创新"。中国人对日本一直都有抵触情绪,所以过去都倾向于学习欧美的管理经验,很少想到去日本学习管理。这次去日本,属于民间交流,却得到了高规格的接待,可见日本企业家特别希望能和中国企业家建立起相互信任的关系。

日本是世界上拥有最多百年企业的国家,日本企业的传承有其独特的制度,既不像西方的职业经理人制度,也不像中国"肥水不流外人田"的传统观念,它通过折中和协调的传承制度保证了继承人的忠诚度,又避免了错选"扶不起的阿斗"。组员中很多是面临二代传承困扰的中国企业家,了解了日本企业的传承理念以后,甚感震撼。

我们这次行程拜访了许多超过100年历史的日本企业,了解到这些企业背后不为人知的故事。包括富士成功转型的经验,7-ELEVEn的起起落落,夏普的盛衰与拯救,京瓷公司与稻盛和夫的经营哲学,还有日本近江商人的历史和发展。其间,还参观了日本参议院,拜访了日本自民党副党首高村正彦。日本唯一有华人血统的女性大臣村田莲舫也和我们共进午餐，据说她是上次选举中得票数最高的议员，在日本的中国朋友说如果日本选举时没有换党，她很有可能成为日本首位女首相。这位非常有人缘的女议员，生有一对双胞胎，在早稻田大学任教的先生还陪她来和我们见面。

这次行程最令人意外的是日本前首相鸠山由纪夫先生竟也抽空和我们见面交流。之前大家只是在电视上见过他，却没想到现实中的鸠山先生是那么谦逊和平易近人。他是日本民主党的创始人之一，出身政治世家，毕业于斯坦福大学，取得博士学位。刚好我们当中有个企业家也是斯坦福大学电子工程专业博士毕业，他们彼此以校友相称，气氛一下子轻松起来。当他知道我是米其林教席教授之后，饶有兴致地告诉我们，普利司通是由他外祖父创办的，所以我们可以合作，全场又欢笑一番。当然他也谈了一点他对中日关系的看法，虽然那不是现在主流的政治立场，但大家还是能感受到他的谦逊。最难能可贵的是，他在榻榻米的筵席间跪着一一向在座的每位企业家敬酒，太让人感动了。这批中国企业家不禁大为感慨，在国内他们为了生存看尽了政府官员的脸色，常觉得自己都没了做人的尊严。

行程最后的分享会上，大家谈到了对这次考察的最深体会。首先，日本企业家做事有信念，有价值导向，而很多中国企业家的最大危机是失去了信仰，很多时候都不知道在追求什么，企业往往只追求股东利益而忽略了其社会责任。7-ELEVEn 创始人伊藤先生强调"承蒙厚爱"，京瓷的创始人稻盛先生提倡"敬天爱人"，这些信仰是支撑他们的企业走到今天的精神理念,日本企业的100年绝对不是随波逐流能流过来的。

其次,是日本人一丝不苟和精益求精的精神,细节决定成败,日本企业能在世界500强中仍然占有一席之地必定有它们的道理。

最后,大家对日本人的接待礼仪由衷地敬佩,主人在客人到来时必定会到大门口迎接,客人离去时必定一一相送,直至载着客人的车从视野中消失为止。这种认真、细致、谦卑,让客人宾至如归、得到重视的感觉,真叫人打从心里佩服。

(原载《联合早报》2013年12月2日)

父与子

应邀去宁波慈溪参加国际家族企业论坛,也参加了方太集团董事长茅理翔新书的发布仪式。看着80岁的茅理翔老先生走上台,发布自己的新书《百年传承》,台下的观众都自觉地起立鼓掌。这个瘦小的老人,步子缓慢而坚定,话不多但字句铿锵,让我想起朋友推荐的一本书——《人生下半场》(*Half Time*)。人生上半场看重的是得到、学习、获取,人生下半场在意的则是放弃、选择、栽种、浇灌。茅老经历人生起落,成功地把企业交给儿子,七年前成立了家业长青学院,希望晚年能帮助更多民营企业顺利地从第一代传承到第二代。台下坐的好多是家业长青学院的学生,茅老不仅演好了人生上半场,更成功地演绎了人生下半场。

茅老年轻时曾当过中学老师、村会计,也当过十年的推销员。改革开放时下海,在大环境的机遇下,创办了慈溪无线电厂,但后来碰到国家宏观调控,工厂没生意做,近乎倒闭。20世纪80年代末他开始研究电子打火器,凭借吃苦耐劳的精神开发出新型的电子打火枪,几年后成为全球最大的点火枪制造商,最高时曾占据世界点火枪市场50%的份额,被称为"世界点火枪大王"。但没过多久,周围就涌现出几十家点火枪厂，竞争激烈，他不得不另寻出路，后面尝试几次产品转型都以失败而告终，员工也一一离开。他心有不甘，觉得还是要坚持下去，于是决定把刚刚从上海交通大学硕士毕业、本可以去美国读博士的儿子叫回来。茅老跟我说起这段创业经历时还是颇感慨的："作为民营企业家，我当时是不甘心的，觉得还是应该走下去，所以把儿子叫回来了。这步棋是有风险的。因为这个项目的成败，决定了企业的成败，决定了家族命运的成败，也决定了我儿子人生道路中这个阶段的成败。"

原本想出国读书的茅忠群，心里也非常纠结，经过半年的思考和市场调研，他还是义不容辞地决定留下来与父亲并肩作战，但同时也向父亲提出了三个条件：一是不做点火枪，而要搞油烟机新项目；二是不要在乡下，而要到市区的开发区独立创业；三是不带原来的老员工，而要完全由自己招聘。所以茅忠群称自己不是"富二代"，而是1.5代。现在许多中国的"富二代"更愿意选择做"创二代"，与父辈共同创业，继承父辈的创业经验和精神。

茅理翔总结了交棒的经验，"带三年，帮三年，看三年"。用了几乎十年的时间让自己功成身退。有其父必有其子。茅忠群也是个低调干实事的人。但他说自己和父亲还是很不一样的。"我们'创二代'有一个优势，就是从小家里有钱，所以对钱不是太在乎，会追求一些更有意义的事情。不像许多一代企业家，从小穷，创业更多是为了赚钱。我们二代，对钱不会太在乎，会更愿意按自己的想法做事，喜欢做有意义的事情。所以我一开始创业，就想做高端品牌。家电这个行业，洋品牌一统天下，我们中国的品牌，怎么也得做出一个高端品牌吧？企业家应该承担更多的社会责任，如果纯粹办一家普通的企业，我自己会没什么动力，觉得没必要那么辛苦，但是如果能不停地找到更有意义的事情，就会觉得每天上班都很快乐。"

为了探索出一条中国企业的发展之路，茅忠群用五年时间专心学习了国学，此后在方太内部推广儒家文化，将中国传统文化与西方现代管理经验相结合。对领导层，他推崇发挥领导者的个人魅力，以德行进行管理，这样自然而然地会受到员工的拥戴。对员工，他提倡自我管理，用道德和理智进行自我约束。对企业，他认为儒家"以人为本"的思想就是"以用户为中心，以员工为根本"的企业文化。

在茅忠群的执掌之下，方太厨具很快成为国内厨具品牌中的佼佼者。不得不说，这主要源自茅忠群对人生和理想的追求有一份企业家的浪漫情怀。他说做企业不能单纯为了挣钱，因为钱够用了，没有必要盯着钱看。要考虑怎样让顾客满意、让员工有收获，怎样全方位地推行社会责任，而不是简单地做慈善和公益。他觉得这是一件非常有意义的事情。

从茅忠群身上，我看到"创二代"带来的正能量，希望这份正能量能在狂风暴雨中继续前进，风雨无阻。

（原载《联合早报》2013年11月4日）

财富与慈善

不久之前在香港参加了一个 CEO 论坛。200 位商界领袖齐聚一堂，讨论的议题包括：中国的宏观经济及金融形势如何？企业家在经济高速增长黄金十年后，如何适应中低速经济增长和结构调整并行的发展新阶段？这样的话题不仅中国人关心，全世界都关注。

恒隆地产董事长陈启宗先生"给世界把把脉"的演讲非常生动地描绘了当前的世界局势。他说，欧洲金融债券危机患的是癌症，虽然很严重，但能拖一段时间，不会立即死。美国患的是心脏病，现在还可以天天快乐地过日子，但金融体系的结构性问题，随时会发作致命。中国患的是中风，抱怨不断压迫着血管，哪天脑出血了，可能就会瘫痪。其他演讲嘉宾还包括经济学家吴敬琏、许小年等人，在场的嘉宾都听得非常投入，毕竟对未来局势的判断影响着企业发展的每一个脚步。

我主持的一场讨论的主题是公益事业、企业社会责任和家族企业传承。中国经济的快速发展，带来了贫富悬殊、资源分配不均、价值观迷失、道德底线缺失、环境污染等一系列社会问题。加上民营企业规模的扩大，中国正在迎接民间财富从第一代向第二代转移的高峰期,继承和接班问题面临严峻考验,第一代企业家忙于开创事业,忽略了家庭感情和子女的培养,常常是有了财富没了幸福。企业家们纷纷探讨,到底要留给下一代什么?是家族财富,还是家族精神?

发言中,香江集团董事长翟美卿说,她1985年开始创业,企业一路走来历尽坎坷,但是依旧不断成长,发展到一定的规模。1995年时她开始思索,自己创办企业的目的是什么?是传承事业、传承财富还是传承精神价值给下一代?最终她意识到,取之于社会,用之于社会,才是企业家的使命所在。她是第一波为慈善公益事业做出积极贡献的企业家,成立的"香江社会救助基金会"成为民政部批号"001"号即首个国家级非公募基金会,开创了中国公民个人出资兴办非公募慈善基金会的先河,为许多贫困学童提供了教育机会。

另一位企业家是南都集团董事长周庆治。周庆治曾任政府公职,后下海经商,公司业务涉及房地产、基础设施和金融服务。2007年,周庆治出资设立南都公益基金会,重点关注农民工子女的教育问题。因为擅长资本运作,他强调慈善也要有可持续性,在不断摸索一个适合中国的社会企业模式。周庆治把这个项目看作自己的第二次创业,而与第一次创业不同的是,这次是企业家回报社会的最佳方式。

美国富豪比尔·盖茨和股神沃伦·巴菲特曾在前年到中国设慈善晚宴,与中国富豪分享将财富投入慈善事业的经验。这场"慈善鸿门宴"曾引起一阵富豪对公益和捐献的讨论。其实从另一个角度看，经济发展带来的财富不均，有时无法通过市场的分配机制做出自动均衡，因此需要非市场化的手段加以补充，做出纠正和改善。包含慈善捐献等形式在内的公益事业，就是鼓励拥有财富的人，自愿地把私人财富拿出来，用于公益性的社会事业，解决市场手段无法解决的问题，从而形成资源的重新分配。这种自愿分享个人财产的精神，能带动社会奉献文化的形成，也能赋予企业家真正的责任感和使命感，激励他们做出更好的企业。家族企业和公益事业若能相辅相成，传承给下一代的才是真正的财富。

（原载《联合早报》2012 年 12 月 10 日）

夏天的温哥华

每年夏天我都很期盼去参加国际学术研讨会,一是可以见到世界各地不期而遇的老朋友,大家相互交流各自的研究课题和生活近况,八卦一下各自圈子里的是是非非;二是让自己与时俱进,听听大师级的演讲,跟进新兴理论和前沿思想;三是多认识"80后",挖掘后起之秀,看看哪匹是千里马,为学院招兵买马。前几天就去温哥华参加了国际商务学会(AIB)会议。

温哥华真是个非常适合居住的城市,山清水秀,气候宜人,空气清新,文化融合,温哥华机场连续五年获得北美最佳机场奖。我们提前两天到,从机场直接开车到惠斯勒山,那是加拿大著名的滑雪胜地,曾是冬奥会的滑雪场,离温哥华市区大约两个小时的车程,沿途风景如画。因为孩子们都爱滑雪,所以之前几次去加拿大的山区都是冬天去的,每次都让一家人念念不忘。后来家人更爱上了日本北海道的雪,因为滑完雪以后还有温泉和美食,所以已经有好多年没到加拿大的白色山脉了。

这次是夏游,多了许多花香和色彩,比起冬天别有一番风味。日长夜短的夏天,让人更愿意停留在户外呼吸新鲜空气。黄昏时坐上雪山缆车登山，再转坐双峰缆车从一个山头到另一个山头，缆车线路全长 3.3 公里，是全世界线路最长的无支架缆车，也是最高的缆车，距离山谷近 500 米。十几分钟车程中，俯视下方，山峰地形的变化一览无遗，非常惊艳。在山顶用晚餐，听民歌，直到太阳快落山时才坐最后一班缆车下来，下山时已经是晚上 9 点。再走到惠斯勒度假村中夜逛，坐在路边酒吧点杯啤酒，让自己融入人群的闲聊浅笑中，夏天原来可以这么可爱和写意。我特别喜欢这种忙里偷闲的假期。

带着山中的阳光回到城市里，周围的人都显得灿烂起来。1 000 多位来自世界各地的学者都集中到这里碰撞思想的火花。其实这么多人的会议、这么短的时间，有时很难把问题和想法谈透，但是许多思想的种子已在无所拘束的交流中撒开。每次会议过后心中总会百感交集，首先是觉得学海无涯，自己懂得太少，新观念、新问题和新方法总是层出不穷。年轻后辈的犀利和进取远比我们当年出道时厉害，长江后浪推前浪，不进则退是亘古不变的道理。到底要费多少劲才能与时俱进？真还要那么忙碌吗？周围老是有朋友质问我为什么还那么投入、那么忙，但是当我每年看到那些学界老前辈们依旧那么锲而不舍地参与和投入，还看那么多书，写那么多文章，带那么多学生时，就很惭愧自己事实上还不够努力，还是太贪玩，得好好沉下心来学习别人坚持不懈、学无止境的精神，以及那份从容和豁达的心态。

这几年我也观察到中国的年轻学者越来越杰出，与国际学者越来越能接轨、对话，不再是悄悄地躲在一边自说自话。各国学者对中国发展的关注也是大大提高。今年的大会主席是我的同事 Meyer 教授，我们学院来了六位教授，院长亲自参会表示大力支持。大家对这所由欧盟和中国政府在 20 年前签订合作协议成立，20 年内已经是 EMBA 国际排名第七、MBA 国际排名第十七、《福布斯》中国 MBA 排名第一的中欧国际工商学院刮目相看。

最近在美国纳斯达克成功上市的中国电商平台京东，其创始人刘强东就是中欧 EMBA 的校友。另一位中欧 EMBA 校友陆兆禧，是阿里巴巴马云的接班人。不久的将来，估计会有更多中欧校友把中国企业带上国际舞台。水涨船高，中国的经济发展肯定会撑起几所著名的商学院，就像美国的经济撑起了哈佛、沃顿、斯坦福一样。优秀的教学和研究人才流往中国将会是个趋势，关键是谁能抢到人才，谁就更有竞争优势。商学院间的人才战争早已硝烟四起。

（原载《联合早报》2014 年 7 月 14 日）

柔性领导力
李秀娟教授管理随笔集

中欧——中西交汇,在水中央

渐行渐远的历史感

最近趁着到波士顿参加研讨会,回到母校看看,也顺路走到20年前居住的小区转转。眼前的一切还是那么熟悉,借住的房子,读书时常去的餐馆,冰激凌屋,超市,附近朋友的家……竟然都还在。只是好多房子已经翻新,有些店铺换了老板,装修焕然一新,周围也立起了一些新的建筑物,新中有旧,旧中立新,但依旧能找到那份熟悉的感觉。眼前的情景不禁让人回忆起许多美好的过往,感慨过去,同时也感恩眼前。缅怀历史是一种人文情怀,它让人拥有扎根的归属感,也能感受生命的深度和广度,体会在时空交错中过去和未来的意义。历史感让人学会感恩。

可是,回到新加坡,却找不到那种缅怀的感觉了。母校依旧是名校,但从东搬到西,从南搬到北,面目全非。那些小吃店,那些呼朋引伴的小角落,那些和女同学们肩并肩走过的大街小巷,都早已不知去向。每次经过母校,看到现代化的新校舍,都会赞叹,现在的孩子好幸福!该感谢政府。但内心却没有太大的波动,更没冲动要为母校做些什么。记忆就像被拦腰斩断,脑海中的情景和眼前的情景是截然不同的两个世界,有一瞬间甚至怀疑,那段记忆到底有没有存在过。记忆既然断层，感恩也就无从说起了。

我们的家也一样。从小到大，我们搬过三次家，但以前居住过的地方，童年的草地，少年时期的联络所，青少年时期玩过疯过的地方，也已是面目全非，没有一丝熟悉的感觉。没有缅怀，没有感恩，没太多感觉，没有感觉就是不好的感觉（No feeling is a sad feeling）。所以新加坡的历史是政府的历史，不是人民的历史。人民的历史早已被埋没在政府的愿景里。生活中没有历史感，只有现实感。

同样，在企业里，历史感也是一种力量。今天的中国，许多企业扩张迅速，人员流动，人心浮躁，管理常力不从心。创业期，企业规模小，人员少，大家齐心协力，同甘共苦。但企业发展到一定规模时，积累了一批元老和本土派，同时也引进了一批专业派和海归派，大家鸡同鸭讲，有的强调经验，紧抓过去的成功方程式；有的放眼未来，想以急遽的脚步创新未来。这时就产生了拉锯和帮派，公说公有理，婆说婆有理。

有一次上课，我让一家企业的40名高管讲企业发展史，先将他们按资历从最深到最浅排序，然后每个人按排序回答三个问题：第一，你在这家企业第一天的印象如何？第二，你在这家企业里最难忘的一件事是什么？第三，你在这家企业里最感激的人是谁？

老一辈说起创业历程的辛酸，触景生情，眼眶含泪，一个个难忘的故事拼凑成这家企业的发展史，原来30年一路走来是那么不容易。年轻的一辈听到这段曲折的发展史，才明白今天是踏着昨

渐行渐远的历史感

天的脚步走过来的,企业的历史不是哪年买厂、哪年并购、哪年上市,而是由员工和团队在这里的每一段经历所构成的。一个团队,之所以缺乏凝聚力,很大的一个原因是缺乏共同的历史感。企业有愿景和目标还不够,更需要有凝聚人心的企业文化和历史感,将新人和老人紧紧拧成一股绳,同呼吸,共命运,因为历史感是一种文化沉淀的力量。

柔性领导力
李秀娟教授管理随笔集

历史让人感到渺小

幸福了吗？

年轻时向往纽约、伦敦、东京、巴黎，想看看摩天大楼到底有多高，欧美时尚潮流究竟有多领风骚。看尽繁华缤纷的色彩后，这几年却喜欢到返朴归真的地方溜达了。

特别喜欢不丹，这个位于中国和印度之间喜马拉雅山脉的内陆国家，据说是世界上幸福指数最高的国家，信奉藏传佛教，充满神秘色彩，如果当年不是梁朝伟和刘嘉玲在那里举行婚礼，我真还没听说过这个国家。不丹限制旅游，全国只有一个机场，一条跑道，一家唯一能进出不丹的航空公司——不丹皇家航空，游客只能从曼谷或加德满都转机进入不丹，还要通过旅行社代办有限额的签证，这么折腾，所以来不丹的人不多，来的也必定是有缘之人。也正因如此，不丹一直保留了原来的那份安静和单纯，不受外面世界的干扰。

不丹境内有许多山，连绵的山脉形成了许多山间谷地，把她与世隔绝开来，独享山谷间的那份静谧和与世无争。山下的农舍，山间的寺院，还有许多喊不出名字的花草树木，自然，写意。如果你喜欢日本春天里肆意绽放的樱花，那肯定会更爱不丹夏天时漫山遍野的蓝罂粟，美丽烂漫，那份美，怎一个醉字了得？不丹还有个很帅的国王，很小的时候遇见了平民出身的王妃，发誓长大了要娶她为妻，所以这里还有着美丽单纯的爱情故事，王子和他的爱人从此过着幸福的生活。

要享受不丹的幸福，就得每天徒步爬山，每每爬到山峰往下望时，那份喜悦和释放，那份清新和无界……这时才体会到幸福原来可以很简单。这里没有路易威登，没有爱马仕，没有宝马，没有奔驰，人均年收入只有 800 美金，可是人民安居乐业，政府也在逐步改善教育、提高生活质量，财富真的与幸福无关。

了解缅甸，是因为知道昂山素季得了诺贝尔和平奖。要不然印象中那个混乱、充斥着权力之争的国家，让人无法理解，也没兴趣去理解。所以很长一段时间我对缅甸简直是一无所知。接触的第一个缅甸人是母亲家里的女佣莫莫，比起印尼女佣，缺少了服务的概念。这两年，缅甸逐渐开放，去过越南和柬埔寨之后，觉得是时候去缅甸看看了。去之前仔细看了地图，才发现缅甸其实和中国接壤最多，难怪缅甸还有很多华人餐馆，但中文在缅甸并不普遍，英文也不普遍。

缅甸的首都仰光比我想象中落后，还不如中国的一个三线城市，但相对感觉干净一些，有些地方还有林荫大道，有点国外的味道。昂山素季住处所在的那条路上，靠近美国使领馆的那一区，还有许多漂亮的豪华别墅，可见这里还是贫富有别的。路上到处都是偶像广告，民众流行看电视连续剧，店员还告诉我，她们也看新加坡电视连续剧，许多人的家里都安装了卫星天线，收看外面的世界。超市里也是应有尽有，路上很多女性拿着仿制的名牌包包，年轻人穿着时髦，一切都显示着仰光正在不断努力发展，跟进现代化的步伐。

但离开仰光，其他地区的落后和贫穷，就让人挺感叹的。缅甸的寺塔特别多，对外国人收费，本国人不收费，每次进去都要脱鞋赤脚，雨后地上潮湿，赤着脚走路实在有点不习惯。"万塔之城"蒲甘保存着大量历史建筑遗迹，我们在这里观赏了最难忘的日出和日落。茵莱湖的湖光山色和原始的水上村落，让人对她的美丽叹为观止，也对她的生活原生态不无感慨。但无论是在城市还是乡村，缅甸人始终安逸和平实地生活着，脸上带着微笑，就像每个寺庙里的佛像一样，安详平和。

走出去，是想看看我们是怎么活着的？我们追求的幸福，幸福了吗？

（原载《联合早报》2014 年 8 月 11 日）

幸福指数最高的不丹

幸福了吗？

柬埔寨的美少女

韩国济州岛

整个3月都非常忙碌,趁着这两天的空档,跟着峰和彬到韩国济州岛走了一趟。中国人的名字已经分不出男女,我现在学会不要做错误的假设。峰,男性化的名字,却是个个性温婉的女企业家,11年前和朋友在青岛创业,是一家不大不小的物流公司的老总。彬则是个男的,是中国三大律师事务所之一的合伙人,在中国的国有企业、外资企业和美国都工作过,说不出他的风格,有中国国有企业的圆滑又有美国的锐利。他们这次去是为了做并购谈判,我则是跟着去溜达。

济州岛是韩国最大的岛屿,自己过去孤陋寡闻,不知道韩国有这么一个出名的火山岛。这个岛是近几年中国人喜欢去度假旅游的地方,有点像早期新加坡人喜欢到巴厘岛那样。据说济州岛是100万年前火山活动而形成的,岛屿中间的汉拿山就是由火山爆发而成,海拔接近2 000米。从机场到酒店,一路上天气宜人,风光明媚,民风朴素,樱花在道路两旁绽放开来,那份淡雅和秾烈,让人难以招架。这种集淡雅和秾烈于一身的景象,让我出乎意料地想起了"大长今"。韩国的友人说济州岛有三多——石多、风多、女人多。果然名不虚传。独特的自然风景和朴实的民风，使这座美丽的岛屿成了"韩国的夏威夷"。

来时正逢春天，樱花、油菜花、杜鹃花纷纷绽放，翰林公园里的郁金香，白的，紫的，粉红的，千娇百媚，让人心旷神怡。丛林中传来啾啾的鸟鸣声、潺潺的流水声，再加上山间的瀑布和溪谷发出的声音、游人的嬉笑声……奇妙的音乐顿时在心中奏起。有四季的国家真好，春天能春游，秋天能秋游，不同季节让人感受不同的意境，赏尽天下美景之乐也！像我这种忙里偷闲的，更是乐上加乐！

傍晚回到酒店和中韩谈判团队一伙人吃饭，又是另一道文化风景线。中方五个人，韩方七个人，如果把韩方律师队伍接力赛的另两个人算上，那就是九个人。首先，双方皆不用翻译，全用英语交流。这一波"70后"中，韩国人的英文不算流利，时不时还要借助手机字典，我听起来有些吃力，却也足以自由交谈，中、韩的国际化已不可同日而语。吃饭闲聊间，他们说起杜甫的诗、金庸的武侠小说，以及小说里叫竹叶青和女儿红的酒，还问这些酒贵不贵。双方都在用不熟悉的语言交谈，有时像在猜谜，但这样的文化交流，不是靠语言，而是凭借文化的思维和理解。

我也曾参加过中、新两方的餐会，去了一两次，就发誓不再参加了，每次都有想找地洞钻的感觉。新加坡人的文化底蕴太差，中、西两端都不靠，就是干巴巴地说我们能提供什么优惠和条件。为了吸引投资和移民，卑微得几乎就只会说"我们会尽量满足你"。我的一个台湾朋友就形容"你们那些官员像只哈巴狗在求这些大客户"。哈巴狗还很势利眼,如果你不在他的攻略名单中,他还懒得搭理你,功利性太强,效率和统计数据却是如此打造出来的。

看着中、韩双方的交流,身为新加坡人,经济让我抬头,文化让我低头。

(原载《联合早报》2013年10月21日)

韩国济州岛

就是这花让我驻足,不愿离开

天堂和地狱，只在一念间

每个暑假我都会到美国参加学术研讨会，顺便探望老朋友。Eva 是我读博时的室友，我的"台湾腔"是受她的影响，后来她和阿利结婚，我和先生还是他们的伴娘和伴郎。他们毕业后就一直留在美国，婚后也有三个孩子。后来在新泽西郊区买了房子，带有大花园、草坪和游泳池，房子不设围墙，却从未发生过偷劫，小花鹿还时不时来花园探访。开车 30 分钟就到普林斯顿大学，周围有小书店、咖啡屋和小餐厅，人文气息浓郁，生活朴实简单但颇有质感，小资情调，舒适写意，算是世外桃源般的生活。

在中国生活一段时间后来到这里，首先明显感觉到空气质量上的差别，我在中国老爱憋气，因为总是尘土飞扬。来到这里就自然而然地想大口呼吸，这里空气干净，水干净，酒店干净，餐馆干净，街道干净，视觉上色彩分明，不像在上海总是蒙上了一层灰；另一个差别就是这里的人都很友善礼貌，油站服务、酒店服务、餐厅服务，都有基本的礼貌，开车所经之处，信息都透明且便利，不必担心上当受骗。但 Eva 说在美国生活虽舒适，却十年如一日，没太多惊喜，没太多改变，每天上班、下班，就那些人、那些事，久了就会觉得枯燥沉闷。

就在我来的第三天，收到一个中国学生发来的短信："佛山名镇管委会主任郑××因为挪用资金罪、受贿罪被判处死刑。"郑是我十年前在新加坡国立大学执教时的 EMBA 学员，喜欢古玩，以学者型官员自居，虽然平时喜欢高谈阔论，但也算是有雄心状志，希望能为社会做点事的人，怎么会误入歧途？我听后非常震惊！和他同谋的刘某，是他当时在新加坡国立大学的同班同学，也是个自命不凡的人，两人都在政府机关服务，所以比较有共同语言，会相互勉励。刘后来转行到一家民营房地产公司就职，那家公司的老板也是他们的同学。两人几年下来不算飞黄腾达，也算步步高升，可是同学之情最后怎么却搞成了官商勾结？不明白为何会走到这一步。几个同学交流后都感慨万分，但也有人见惯不怪，人在河边走，哪能不湿鞋？既然鞋湿了，就索性脱鞋走吧，走着走着就湿透了……一路就不知不觉地走到这里，回头已看不到岸。

还没从震惊中回过神来，又有另一群学生发来微博私信。他们在贵州支教，为农村中小学校长开设培训课程，提升当地的教育水平。这些人都是老板和高管，可每年却是雷打不动，亲力亲为地为农村学校做点事，每天上微博都能看到他们在贵州的报道和感言，让人窝心感动。一群步入中年的企业家，却依然怀着一颗赤子之心，活得无怨无悔。

我和 Eva 等人边喝咖啡边聊美国的生活和中国的生活，我把刚收到的信息和他们分享,他们都不约而同地比喻:美国是个枯燥的天堂,中国是个精彩的"地狱"。

(原载《联合早报》2012 年 8 月 6 日)

放空自己

最近许多学校都流行"游学"的教育方式。随着全球化的趋势，这种"行万里路，读万卷书"的跨国、跨文化学习模式受到了广泛的欢迎，学生可以在游学期间，游历当地名校，寄宿当地家庭，参观著名景点，等等，是一种体验式的教育模式。我觉得这样的学习方式挺好的，所以也开始计划每年给自己安排2周至4周的游学生活，到不同的学校拜访，了解它们的研究和教学，顺便吃喝玩乐。

上个月就去了瑞士著名的洛桑国际管理发展学院（IMD）。IMD坐落在瑞士西部城市洛桑，需要飞到日内瓦再转坐火车到那里，所幸的是欧洲的铁路交通十分方便，累了就在路边随意找间咖啡厅坐下休息，边喝咖啡边看行人，旅程还挺惬意的。IMD是全球顶尖的商学院，学校不是很大但非常国际化，教授来自30个国家，学员更是来自100多个国家，每年都有几千名企业高管来参加它的多项培训课程。我被邀请参与教授它的一门领导力公开课，接近80名学员，来自30多个国家。我还是第一次接触阿拉伯国家的学生，其他的学生则来自南非、日本、韩国、俄罗斯、罗马尼亚、挪威、荷兰、瑞典等国，真正感受到了什么是"多文化、多宗教"的群体。

上课期间发生了很多文化和宗教差异带来的文化冲击和激荡，即便是教师组合，8 个老师来自 5 个国家，合作起来也需要时间进行沟通和磨合，每天下课后我们都得讨论到半夜。IMD 创造这样的学习环境，就是要锻炼学生学习和体会文化差异对商业管理的影响，培养学生的全球视野。我一直觉得欧洲人比美国人更尊重文化的多元性，欧洲商学院的人文氛围更浓厚些。

两周的课程结束后，我从欧洲飞到美国的康奈尔大学。在美国就得自己开车，从机场租车直奔好朋友 Yaru 家。Yaru 执教于康奈尔大学的商学院，康奈尔大学是比较典型的美国学校，校园非常漂亮，跟纽约大学比起来，它的节奏更慢些，学生也比较好相处，上课氛围比较轻松。去的时候天气正好转暖，美国学生就是短裤衬衫的打扮，简单随意。学生周末特爱开派对，邀请我们参加，但 Yaru 说 MBA 学员会玩得很疯狂，还是不去的好。

我住在 Yaru 家，离学校有 20 分钟的车程。她一个人住在一间 500 平方米的大房子里，背山面湖，有点偏僻，环境却非常幽静。房子前面的花园之大，可以做成一个小马场，在新加坡和上海绝对找不到这样宽敞自然的环境。房子设计得太舒适了，还有一个很大的书房，可以在家里办公，在这样的环境中，怎能不沉得下心做学问、写出好文章？Yaru 把博士生叫到家里来开讨论会，我们坐在外面的阳台上，一边喝酒，一边讨论研究课题，一边吃韩国料理，一边聊人生哲学，这样悠游自在的节奏、无所顾忌的讨论，才能产生思想碰撞的火花。这让我想起自己读博时，指导教授 Linda Smircich 也是这样生活的。我老喜欢往她家跑，我们师徒之间亦师亦友。人生能有这样的导师真是三生有幸。

　　出去是为了换一份心情，看看别人，想想自己。发现自己有许多事情可以做得更好。只有把自己放慢放空，才有思考的时间和空间。学无止境呀！

（原载《联合早报》2013年6月3日）

柔性**领导力**
李秀娟教授管理随笔集

书桌前的绽放让人微笑

全球化家庭

又一个学年即将结束,夏天有几位同事即将离开。趁大家还没各奔前程,我组织了一次小聚餐,13位同事围坐一桌,分享喜乐,心情真有点错综复杂。世界那么大,我们从世界不同的角落聚在这里,平时大家都是"各自为政",上自己的课,做自己的研究,写自己的书,很少聚在一起。偶尔有机会聚在一起,总是那么欢乐愉快,互相调侃,不八卦,不抱怨,不炫耀,主要就是分享,在相互的分享中汲取正能量。人与人之间不就应该这样吗?

许多朋友以为我在中国,同事就应多是中国人,事实上我现在的同事比在新加坡国立大学时更国际化。桌上13位同事,来自世界各个角落,美国、德国、英国、西班牙、印度、加拿大、澳大利亚,我们每个人都至少在三个不同的国家居住、生活过,每个人都不是典型的美国人、印度人、新加坡人,都是"非典人"。

Lydia来自美国,哥伦比亚大学毕业后在法国欧洲工商管理学院(INSEAD)教书,后和先生到香港科技大学任职,早期在香港生活时就常到上海,后来搬到上海后领养了个中国女孩,去年休学术假,全时间学习中文,现在可以说一口流利的普通话,女儿则说一口标准的美式英语。你能想象白皮肤的妈妈说普通话,黄皮肤的女儿说美式英语是怎样的画面吗? 10岁的女儿开始步入叛逆期,两人像中美关系般不断博弈,相互指责又相互依赖,不断相互制约又不得不互相妥协。我们听后都哈哈大笑。Katherine也领养了个女儿,今年14岁,也是在"不断探索"的年龄,女孩子的心思总在变化,妈妈就得多花时间陪着转。Katherine出生在中国内地,但曾在美国、中国香港、瑞士的名校任教,足迹遍布世界各地,是个享有盛誉的学者。但再怎么杰出能干,女人最终还是想要放慢脚步,给予孩子更多的时间,母爱是伟大的。

同样也是因为孩子,Rama今年夏天后,会让太太和两个女儿回印度。Rama来自印度,教授创业学和谈判学,从美国达顿商学院毕业后到西班牙IESE商学院就职,到中国上海已6年,过去十多年就长期在印度以外发展。16岁的女儿在印度出生后就一直没在印度住过,14岁的女儿更是一出生就跟着父母居住在不同的国家。Rama的太太在国际学校教高中,夫妇俩觉得应该让两个女儿回印度多了解自己的国家和文化,加上双方的父母年事已高,应该多花些时间在身边尽孝。他虽然也有些担心这个决定对孩子有影响,毕竟在外那么多年了,但还是觉得是时候回家了。Rama是个心胸非常开阔的人,能讲一口流利的西班牙语,让人想起三毛的荷西,我们都调侃他把老婆打发回家好让自己恢复自由,得设法把他看紧点。他一直傻笑,任由我们调侃消遣,脾气真好。

Yang和Yan这对学者夫妻是夫唱妇随、妇唱夫随,两人都出生在中国内地，Yan 在南京大学毕业后到香港城市大学读硕士，再到美国南加州大学读博士，现在是美国莱斯大学战略管理学教授。去年来我们学院做访问教授一年，把两个孩子也放到上海的美国学校。两人都觉得中国这几年发展得很快，机会也很多，学生也特别好学，感觉自己能有所作为。但两个孩子一个 12 岁一个 7 岁，特别是小儿子更喜欢美国的生活，她也觉得美国的教育环境对孩子更好。所以决定还是先回美国几年，等孩子大些，他们俩再考虑回国发展。

Juan 是西班牙人，是学院初创期最早从欧盟引进来的一批欧洲学者。算一算应该在中国待了接近 20 年了吧？最主要的原因是娶了个中国老婆（老婆还是个女企业家），而且是早期被传为佳话的师生恋。不知道是不是自己的偏见，总觉得西班牙男人特别顾家，对老婆特别温柔。他们家老大已经 12 岁，去年在美国又生了双胞胎，都是男孩，一家五口三种国籍。他说每次过海关总会有特别多问题要回答和解释，好像生怕他拐带孩子似的。最搞笑的是他说常常回家开门会见到陌生人住在自己家里，原来是老婆的什么远方亲戚叔婶小姨的，他从来搞不清楚谁是谁。婚姻需要包容，跨文化婚姻更需要包容。

桌上的其他人中，Lorna 来自加拿大，今年下半年将转到复旦大学；Bruce 来自澳大利亚，秋天将到美国斯坦福大学；Dean 是中国人，7 月将到澳大利亚墨尔本大学……我们这些人，都是全球化时代的"全球公民"，因为职业、家庭或者其他原因迁徙、停留，不知道人生的下一站会在哪里驻足，却也能因此看遍世界最美的风景。我们组建了全球化的家庭，过着全球化的生活，在矛盾中慢慢学会适应和改变，在冲突中渐渐懂得包容和尊重。

（原载《联合早报》2013年6月17日）

全球化家庭

特别喜欢图书馆的夜晚

周末在大理

比起丽江，我更喜欢大理。几年前去过，已经非常喜欢她的天然去雕饰，没有丽江的矫情和卖弄。那次在大理还买了几幅非常美丽的人物油画，记得在那位年轻画家的工作坊里和他闲聊，问些非常不着边际、俗不可耐的问题，他那羞涩的表情还深深印在我脑海里。此刻，突然想起来，那画里藏族女孩忧郁羞涩的表情是那么楚楚动人，画家能把那表情捕捉得如此惟妙惟肖，或许画的正是自己的内心情感？每次有客人来到家里，都会注意到墙上挂着的画里的女孩，可见她多么引人注目……我真希望能再见到那位羞涩的画家。

大理位于云南省中偏西部，地域辽阔，山川秀丽，四季如春，风景自然迷人，文化多姿多彩，以其优美的民族风情而闻名遐迩。大理居住着汉、白、彝、回、纳西、藏等26个民族，少数民族占50%，白族最多。友人告诉我这是著名电影《五朵金花》的故乡。我没看过《五朵金花》，但是现场白族的歌舞表演，确实让人觉得歌声缭绕在山间云里，让人随之想象起舞。这片美丽的大地，住着美丽的人群。

周末在大理

这次去是应学生亚的邀请，参与她的一个新项目的策划。亚原来是学建筑设计的，嫁给了昆明的一个房地产开发商，从此夫唱妇随，老公专管对外，她专管对内。他们在昆明有许多项目地盘。除了大理以外，在丽江和香格里拉也拥有好几家酒店，归属于希尔顿旗下。亚的父亲写得一手好字，许多广告语，都由他亲笔题写，看到高速公路广告牌上自己的题字，他颇有成就感，这比在画廊里展出更能雅俗共赏。老人家为了欣赏自己的作品，宁愿不搭飞机而坐车沿途检验广告效果。80岁的老人家说话还气势如虹，他说写字就像练气功，要一气呵成。这"气"字真有学问。活着就是一口气，断了气就断了魂。看来还真得学学老人家，多练气。

亚在大理开发了一个大型别墅住宅项目，就在苍山山腰，背山靠海，地点非常棒。最高处就是希尔顿大酒店，远眺海景，一片海阔天空。听说第一期推出半天就被抢购一空，我相信这句话一点都不夸张，我在上海就曾经亲眼见到售楼处像超市，顾客挑了就买，丝毫不犹豫，因为迟一分钟可能就错过了。除了这个项目，亚在洱海喜州临水边还向农民租了民房，一口气缴了30年的租金——现金。天哪，那个农民岂不成了暴发户？她打算建个精品酒店，供高端客户来休闲度假。洱海这个地方让我想起马尔代夫，如果能在设计和服务上下功夫，那肯定有市场。为了了解周围的市场，我们小团队上苍山下洱海，在大街小巷里转，把大大小小的客栈都巡了一遍，每个晚上住不同的酒店体验了一番。

无独有偶，我们听说有一间没有挂客栈招牌的客栈，王菲、李亚鹏夫妇会经常来小住，就在当地民宅间，我们费了好一会儿功夫才找到，里面只有 8 套房间，三楼还有个佛堂。外面看起来就像个小民宅，一点都不起眼，绿化却做得非常好，各式各样的小植物为客栈增添了几分安静清幽。

最特别的是一对美国夫妇开的喜林苑。林登夫妇曾在亚洲游历二十多年，对中国文化情有独钟。喜林苑坐落在大理的一个中国千年古镇的优雅的老院子里，实现了这对夫妇希望中西文化交汇的梦想。喜林苑的第一批客人就是美国的一批画家，他们在大理住了一个月，感受当地丰富的历史和文化。喜林苑内的一瓦一砖都是林登夫妇的心血，墙上的每幅画，摆设的家具，入门时的白墙，房间的窗，后院的阳台，每一个角落都有故事，非常特别。更重要的是它的服务，接待我们的顾问很有耐心地向我们诉说这里的故事，带我们到街上吃当地的小吃。这间客栈提供的不是一张床，而是一种文化体验，是一间让人离开都不会忘记的客栈。

这样的一个长周末多写意，可惜我没有找到那位画家，下次一定还来大理。

（原载《联合早报》2013 年 9 月 23 日）

台湾缘

潜伏了两周，几乎足不出户，夜以继日，埋头把手上两篇论文修改完，又盲审了别人的两篇论文。学术的道路真得耐得住寂寞，但也须走出象牙塔对接现实。按下键盘的最后一个键，我开始收拾行李，准备飞往台湾会见康师傅的董事长。康师傅在大陆是方便面的第一品牌，占方便面市场45%的份额，还有饮料、饮用水、糕饼和面馆。因为喜欢台湾的亲切和质朴，我从来都不拒绝任何可以去台湾的机会。冯仑曾形容他对台湾的感觉：就像是一个教养很好的中年妇女，得慢慢品、慢慢看，发现她的优点、责任、家庭……慢慢地看到的东西会越来越多，她的娴熟、优雅，不是给别人看的，而是内心的一种状态。

收拾行李的时候，想起小儿子有一次也是在我收拾行李的时候问我："妈妈，你为什么总是那么忙？"我歪头看着他说："因为我想让这个世界更美好（I want to make the world better）。"他也歪头对我说："妈妈，这个世界永远不会完美（Mummy, it's never perfect）！"意思是叫我别那么理想、那么执着？谁是妈谁是儿子呀？！这小家伙终于也上大学了，他初恋的高中女友还和他在同一所大学，很巧也是台湾人。

总觉得自己和台湾人特别有缘。这辈子认识的几个老师和几个知心好友都是台湾人。这次去台湾也是为了再见一见恩师许士军教授。许老师原来在新加坡国立大学营销系任教，是一位非常受人尊敬的学者。我在读博士的时候，有幸认识了许老师，他鼓励我回新加坡国立大学执教，也不惜在我的职业发展道路上给予真诚的提点和帮助，他是我事业起步的贵人。他回台湾好多年后，学校又来了另一位营销系的教授JW——美籍华人，也是个台湾人。他算是最认识、了解我的能力和能量的人，特别怀念那一段我们历经组织变革的日子，我们是一起度过许多风风雨雨的亲密战友，伤痕累累但也战果硕硕，组织变革总是得付出代价的。那时候，我们还有另一位台湾同事茆美惠——一个非常直率和可爱的女人，可惜她后来病逝了。特别怀念她，希望她在另一个世界可以活得更真、更快乐。

我第一次来台湾应该是还在念中学的时候，那时我的舞蹈老师是台湾来的王丽惠老师，后来因为她，我第一次到台湾演出，也有机会到云门舞集跟林怀民老师习舞。年轻时曾经那么沉醉于现代民族舞，那真是一段充满了理想和浪漫情怀的日子。艺术的生命总是短暂的，就像初恋，飞蛾扑火，死而后已。

舞蹈梦告终后，我来到麻省理工学院，认识了室友Eva，又是台湾人，"同居"四年。我们看着对方恋爱、结婚、生子，看着彼此成长和蜕变，现在每年夏天我们都会联系见面。Eva做得一手好菜，特别爱吃她做的葱油饼和卤肉。当年我们家周末一到吃饭时间，就有一群台湾"蝗虫"从四面八方飞奔过来，七嘴八舌地就把一切都啃光了，吃火锅都要烧两个锅，哪锅先开就先吃哪锅。好在"蝗虫"们都自备碗筷，不至于杯盘狼藉，他们总是敲着碗来，叮叮叮，再敲着碗走，啥啥啥……难忘那些周末胡闹的快乐时光，也认识了一群留美的台湾朋友和他们的爸爸妈妈。

后来我也教过不少台湾学生，好多年前有一次到台湾，台湾同学校友会的邱进益先生安排我们和马英九共进晚餐，马英九那次就坐在我旁边，非常亲切。台湾学生总是特别热情，特别好客。喜欢台湾学生的真诚和温暖，到现在好多学生还是会记得在春节时发来祝福，在我生日时表示祝贺。

有些朋友，不常联系但经常怀念。有些人，心里留下伤痛但依旧牵挂。感恩我的一份台湾缘。惜缘。

（原载《联合早报》2013 年 10 月 7 日）

柔性领导力
李秀娟教授管理随笔集

台湾花莲

5·22那天

有时我们不得不相信运气和冥冥中的安排。5月22日乌鲁木齐发生严重恐怖暴力事件，39人死亡，94人受伤。之前的一天即5月21日，我和朋友就在那闹市里的一家维吾尔族餐厅吃饭。本来是定5月22日才回上海的，但因为受邀参加一个外国专家座谈会，有幸能见到习近平主席，所以把回程提前了一天，避过了乌鲁木齐恐怖的"5·22"事件。

看来还得感谢习大大到上海开亚洲相互协作与信任措施会议，为此外国专家局专程安排专家座谈，冥冥中就是要让我提前回上海。秘书Vicky因为一而再地为我调整行程，听到恐暴事件时，吓出一身冷汗，说我命大，谢天谢地。我笑说生命该来时会来，该走时会走，由不得己。隔壁华山医院天天也有病逝的，马航劫机的乘客，韩国沉船的学生，谁能预料得到？所以重要的是要活好每一天，不要跟别人过不去，更不要跟自己过不去，因为一切都会过去，活着就要让每一天都值得。

说回5月22日。我在一周前被通知受邀参与这个高端座谈会，讨论有关上海城市创新的议题，但会务方面并未透露太多细节。当天早上我们到达华亭宾馆，50位在上海工作的外国专家和上海外国专家局的官员先开了上半场的会议。这50位专家来自美国、加拿大、俄罗斯、英国、德国、法国、荷兰、西班牙、意大利、瑞士、瑞典、亚美尼亚、墨西哥、以色列、土耳其、乌克兰、澳大利亚、印度、巴基斯坦、日本、韩国等国，许多都是科学家，来自航天航空、飞机制造、医药工程、食品科学、农业、生命科学等领域，有的在中国科学院，有的在外资企业的研发部，还有的在高等院校研究所和各个行业机构，等等。

我来上海这么多年，大多数时候都只接触商界和学界人才，这还是第一次和这么多各行各业的专家齐聚一堂，大家都就各自领域的观察和问题对执政者提出真知灼见。让我印象深刻的是其中的一个加拿大人和一个美国人，用一口标准、流利的普通话对答如流，遣词造句都非常地道，让人赞叹不已。午餐过后，有大车把我们50位专家载送到虹桥迎宾馆的大会堂，进行下半场的座谈，安保检查严密，但宾至如归。

会前知道习主席会会见50位在上海的外国专家，但没想到和他一起见我们的还有外交部部长王毅、外交部前部长杨洁篪以及国务院的几位副部长和领导干部。此外，上海市委书记韩正、市长杨雄和外国专家局局长等12位领导干部代表也在列。座谈会由习主席亲自主持，他先介绍了每位列席的同僚，然后边倾听边回应，归纳重点再结合自己的经验和观点，非常从容自信。

让我印象最深刻的是他的开放态度。他提到，中国接下去的改革得啃硬骨头，未来的发展需要更多的创新和更多的人才，如何创造更好的环境和条件吸引全世界的人才聚集，如何提高中国的创新力量，是未来的重要任务。整个座谈会下来，传达了许多正能量，中央电视台播放新闻时也做了长篇幅的介绍，在座的专家们估计都会成为中国的亲善大使。

会上习主席几次提到"相得益彰"。他说香港和上海不是竞争关系而是相得益彰；吸引外国人才和培养本土人才相互合作，彼此也是相得益彰；中国的许多家长喜欢把孩子送到外国读书，国内教育和国外教育并不排斥，也是相得益彰。这种开放和包容的思想，得到了在座的专家学者的高度赞同。上海本身就是个海纳百川的大城市，未来将吸引更多的外国高端人才来这里居住、生活。这让我想起上个月看到的《海峡时报》上的一篇文章，讲的是新加坡大学里本土教授和外国教授的争议，有的观点强调两者的竞争关系，认为必须要保障本土的利益；有的观点强调两者的平衡关系，要做到井水不犯河水。我觉得我们更需要的是海纳百川的理念。如果我们容不得别人来和我们竞争，我们就更会失去竞争力。井水、河水和海水的思维，将决定我们未来是生活在井里、河里还是海里。

（原载《联合早报》2014年6月2日）

去印度

这么多年来到过许多国家旅游或工作,却从来没去过印度。印度是个文明古国,也是佛教的朝圣地,照理说应该有许多吸引人想去看她的理由。但每次提起去印度,周围总没人愿意同行,第一反应总是一堆问题:听说有一些单身女性游客被轮奸,会不会危险?听说印度很脏,街上都是牛粪苍蝇,食物不干净,水不能喝,会不会吃坏肚子上吐下泻?所以尽管自己也有好些印度朋友,但就是一直没找到足够的理由去印度看看。

受印度商学院的邀请,答应今年2月去参加一个学术会议。怀着忐忑不安的心情,我决定去印度看看。元旦后一直忙着写各类报告,没意识到原来去印度是需要申请签证的,等秘书提醒时,才匆匆上网了解了一下。印度提供网上申请签证,看来好像很先进,但试了几十遍,扫描护照不断被拒绝,等于形同虚设。最方便的途径行不通,秘书说第二个途径是落地签证,但我担心到时出问题麻烦,最后决定走比较有保障的第三个途径:提前两天回新加坡到印度领事馆申请。

一大清早到达领事馆,排了2号。职员说还是要上网填申请表，又花了一个小时，因为领事馆的网络不时中断，问职员能不能提供纸质表格，她说不行，上网填表是唯一的途径，今天不行就明天再试，真是体验了印度式的官僚。排在我后面的一位澳洲游客说，她以为网上说可以落地签证，结果在新加坡机场转机时被阻止登机，因为她没有有效签证，原来网上说的"visa upon arrival"并不是落地签证，我庆幸自己做了一个明智的选择。

填完表格还要等面试。面试官问我去印度的目的，我说参加会议和旅游。非常诚实的回答。但没想到他说那不能申请旅游签证，而是要申请商务签证。啊？那应该怎么办？他说我需要印度方面的邀请函和公司的批准函，后悔自己老实，只能立马回去求救。把所有的文件备齐，又再回去见那个外交官，终于批了。到窗口付费，需要新币245元，不收信用卡，我又折腾着去换现金，再回去缴费。长吁一口气，领教了印度式的繁复。忘了说，表格里要填自己的、先生的、父母的、紧急联系人的出生日、出生地、原国籍、现国籍，共六个人的全部信息！够繁复！

一番折腾之后，终于踏上了行程，飞到位于海德拉巴德的印度商学院。印度商学院成立于2001年，是美国著名的沃顿商学院和凯洛格商学院联合设立的，算是印度最好的一所国际商学院。学校的环境非常优美干净，学生们都很有礼貌。会上和许多印度学者交流，感觉他们特别喜欢讨论哲理性问题，而且非常善于表达，各抒己见。他们之间，常常有非常不同的观点。同事跟我说，因为印度是个多民族、多宗教、多语言、多文化并存的国家，所以不同地方的印度人，往往会有不同的看法。正因为在这样一个非常复杂的环境中成长和磨炼，练就了印度人善于应对复杂问题、多元化思考的能力。

世界银行曾经有个商业便利度的调查，印度几乎排在倒数第几位。但也正是在这种不便利的环境中，印度人练就了十八般武艺，一旦到好一点的环境中，就会显得举重若轻、轻而易举。不信你去看看全球500强高管CXO中，除了美国人，就是印度人。许多商学院也逐渐被印度人占据，哈佛商学院、芝加哥商学院、欧洲工商管理学院商学院、康奈尔大学商学院的院长都先后任用了印度人。所以有人说，印度商人较强的商业能力是其复杂的商业环境练就的，好像也不无道理。

三天的会议明天结束，我期盼着去看那肮脏而神圣的恒河水。

（原载《联合早报》2015年2月9日）

去印度

印度的泰姬陵

旅途中的辩论

要到美国佛罗里达开会,新加坡航空飞往纽约的班机全满,我只好先飞往伦敦再转机。既然如此,就索性和家人到伦敦玩几天,再坐火车去悄悄瞧一眼那让人不带走一片云彩的康桥。

康桥,依旧。伦敦,也依旧。

大英博物馆外大排长龙。我特别喜欢英国的建筑设计和室内设计,柔和的线条,自然的采光,典雅内敛,即使游客众多,依然掩不住那淡淡的古老书卷味。儿子们为了看夏洛克·福尔摩斯(Sherlock Holmes)博物馆,在路边排了两个小时的队,其间还下了几场伦敦雨。我逛了一天,选择躲到路边的咖啡馆等他们。喝着咖啡,观察着往来的人群,听着各式各样的语言,猜不出他们是哪里人,这才发现自己真不太了解欧洲的多元文化。悠闲间,孩子们从雨中冲进咖啡馆,满脸兴奋。排那么久的队,花那么长的时间值得吗?他们都拼命点头。我问在新加坡有这样排长龙的吗?他们马上说路易威登门店外、新款手机上市时的苹果专卖店还有开盘时的售楼处,说完大家不约而同地都哈哈大笑。老三总结得好:一切美好都值得等待,但每个人的"值得"却不一样。

逛了一天博物馆，我们决定买日本料理外卖——寿司、照烧鸡、豆腐、炒面、日本咖喱饭，然后到附近的维多利亚公园草地上野餐。英国的公园很简单，草坪却很大，大家喜欢在草地上席地而坐。边上还设了几张乒乓球石桌，不同肤色的人自由地在那打乒乓球，有人还穿着西装，好像是刚下班准备回家的，看他们交流的神情，似乎都是不认识的陌生人。路过，停下，来一场乒乓球友谊赛，真有趣！

我们边吃边胡扯，聊到最近新加坡一所大学的校长惩罚女生不带假发上课的事。这是一场因落发慈善而掀起的轩然大波，事情大致是这样的：女学生为了做慈善剃成了光头，根据学校的要求，只能戴假发上课，但一位女学生因为戴假发导致头皮过敏，于是摘掉了假发，却被校长以违反学校规定、影响学校形象为由进行了惩罚。

我先生和我们家老三都是情感派，比较维护学生："她们是为了慈善而落发，却因此受罚！"我们家老二是哲学派，喜欢看现象背后的本质："哇，慈善无敌？什么逻辑？有许多人用慈善沽名钓誉，还有人以慈善为名洗白自己。"我一时兴起："来来来，每个人先表决：第一，如果你是校长，你会在学生因做慈善而落发后，又要求她们戴假发上学吗？第二，你会因为学生没遵守戴假发上课的承诺而惩罚她们吗？"典型的哈佛案例教学法，先让学生对案例进行表决，然后才抽丝剥茧分析每个人思路背后的逻辑和价值导向。

不出所料，第一个决策投票一边倒，答案是不会。我追问决策背后的原因，老二的大道理出来了，新加坡的教育太强调系统规范和名誉，常忘记探讨本质问题，校长太重视学校规矩和品牌，重形式多于实质，重术不重道。如果一开始那些学生能有理有据地说服校长这个慈善的本意就不应该戴假发，光头也不代表不淑女，不会影响学校形象，那就不会有后续戴假发的问题。她们最初可能对这场慈善活动的实质意义也没了解透，所以没能说服校长，也才会同意带假发。导致校长和学生共同做了个"虚伪"的决定——戴假发。"形式化"的决定终究抗不住考验，学生后来违约了。

第二个问题：学生没有遵守戴假发上课的承诺，这种违约该不该罚？表决结果是2票对2票。正方说若真的是因为戴假发导致皮肤过敏，那还是有其他做法可以符合校规的，不戴假发也可戴宽松的帽子，学生应该说到做到，信守承诺。反方则说，本就不该要求戴假发，戴后又产生过敏的问题，为了慈善不该受罚！正方反驳道，慈善就能违背规矩了吗？校长因为慈善就必须让路而哑口吃黄连了吗？慈善若要求学生光头而与学校对立，那也只是过于强调形式的慈善……一个小时的辩论后，老二发表总结陈词：这是一场教育形式化对抗慈善形式化的争执，忘记了教育和慈善的本质，学生只是果不是因，值得同情，更值得担忧。鼓掌！

在维多利亚公园，留下一场形式和实质的辩论，记取。

（原载《联合早报》2013年8月12日）

生活随想曲

人活一世，总要留下点什么

最近心一直悬着，祷告着。李光耀先生病重住院，坊间不断有各种谣传。以前新闻媒体求准确，在事实得到确认之前不会随意发布消息，但现在社交媒体求速度，稍稍有点苗头就开始大写特写。当个人行为不受约束时，自由就会被滥用。但无意间也抛砖引玉，祝福和祷告源源而来，向这位建国元老表达敬重和爱戴，更希望他能见证今年新加坡建国50周年庆典。

我在想，他此刻还在不在乎参加50周年庆典？他此刻最想做的是什么？其实，我觉得他早就想过，而且想得明白。不舍的不是他，而是留下的人。真心不舍……

很喜欢乔布斯说的一句话，只有在死亡面前，人才学会谦卑。每个人都会走到这一刻——面对死亡。许多人都害怕谈这个话题，华人更觉得这是个"大吉利是"的字眼，避忌不谈，一旦提到，就好像是个诅咒。其实，只有真正想过死亡的人，才会明白活着是什么意义，才会选择自己要怎么活着。

第一个教我面对死亡的人是父亲，那已是10年前的事了。父亲是一个非常自律的商人，11岁时就被祖父带到东南亚谋生，祖父过世后，他接过生意，和祖辈的生意伙伴——我称为"阿公"的单身老人，一直默默经营着祖父留下的生意。当年的珍珠坊每天人来人往，车水马龙。父亲每天风雨不改地早上去上班，中午回家休息，下午又过去帮忙招呼客人，傍晚回家。其实店里有工人，他作为少东家是可以不上班的，但他从来都是以身作则，每天穿得整齐干净地上班下班，一副财务总监的派头，话不多，却一直以行动活出自己的价值。退休后，父亲更是报纸不离手，最喜欢和我们讨论时局和评价政治人物。李光耀是父亲非常尊敬和敬仰的人物，没有李光耀就没有新加坡。那一代的人不说偶像，但我觉得李光耀是父亲的偶像，他就连衣着打扮、言行举止都非常李氏风范。父亲一直是个严而不厉的人，我们从不敢跟他胡来，尊敬他却并不害怕他。不抽烟、不喝酒，天天到公园散步的他，最后被诊断患上了胰腺癌。短短几个月，他就平静地离开了我们，留下他那做事风雨不改的身影在我记忆里。

或许现在说起来是轻描淡写，但10年前，在美国工作才38岁的小弟中风，父母年事已高，不宜长途飞行，我们几个姐妹妯娌从各地飞到美国，在医院旁边的酒店住了将近一个月。小弟还没出重症监护室，家里就传来消息说父亲入院，我们又齐齐飞回新加坡，落地后才知道母亲也在两周前被诊断出患上了乳腺癌，那时真像几块大石从山上连连滚下砸到身上、头上的感觉，痛、崩、裂、麻。但是，所有的情绪都要压下，因为要做的事太多，已经想不起那段日子是怎么熬过来的，只记得费劲地争取美国医生签字让小弟能飞回来见父亲一面，我 48 小时来回飞把小弟从达拉斯接回家。如果没有美国的朋友帮忙，估计旅程会更折腾。小弟终于用自己的年轻搏回了一命，母亲则用她无比的坚韧活到今天，即使去年中风，依旧挺了过来，连医生都佩服她的坚韧，说她还能好好活很多年。母亲教会我，面对人生的风风雨雨时，一定要乐观、坚持，一步一个脚印地继续往前走，她说这就是命运。

和父亲告别的那一刹那，我深刻领会到什么是生不带来死不带去，一生一刹那皆空，什么都带不走。父亲教会我去思考，人一生不是要得到什么，而是要留下什么！

心一直悬着，祷告着。李光耀先生留下的太多太多太多……作为一个李光耀时代的新加坡人，我的心沉甸甸的。

（原载《联合早报》2015 年 3 月 23 日）

柔性领导力
李秀娟教授管理随笔集

悼念李光耀先生

我为新加坡人感到骄傲

其实心里早就想到这一天会到来,也早已决定一定会飞回来悼念他。但万万没想到,场面是如此感人,天地同泣,为一个伟人,为一个国家。原来生命的逝去可以这么有力量!

小学时就会背诵"人固有一死,或重于泰山,或轻于鸿毛",几十年来对这句话没有真正的理解,但这一周开始有了深刻的体会。也曾面对过亲友过世,但我们凡人犹如尘土,在人世间来去无踪,谁真能留在谁心中,谁真能在生命轨迹上刻下烙印?这一周有太多无法言喻的感受,那么震撼、那么触动人心,一个人为了一个信念而活,而一个信念却造就了几百万人的美好生活。原来人可以活得如此铿锵有力。

一周快过去了,心还未平静,余韵绕梁,回音不断。各种评论、各种表述仍然在社交媒体上不断涌现、传播。此时此刻,我重新深刻审视了"新加坡人"的真正意义。在朋友圈和社交群里,最流行的一句感慨语就是:我为自己是新加坡人感到骄傲!

"I feel so proud to be a Singaporean"(我为作为一个新加坡人而感到骄傲)是新加坡建国 50 年来最重要的一个里程碑。它代表的是一个国家和民族的精神。它无形抽象，看不到、摸不着，散落在各个角落，但关键时刻，它却能凝聚所有人的心和力量，那股力量就叫做"软实力"。对于一个小国，特别是多种族、多宗教、多语言的国家，这是多么重要的力量。像梁志强的那首歌所唱的"我们什么都没有，只要我们的心紧紧相扣，我们什么都拥有"。当我看到马来西亚同胞和印度同胞与我们一样悲泣动容时，我真的为自己是新加坡多种族文化的一分子感到无比骄傲！

最近一段时间，新浪微博里流传着这样一条推文，说新加坡人排队是个世界奇观，没有喇叭或任何指示告诉你什么该做、什么不该做，但全部的人都很自觉又很有默契地按序排队；中国香港的媒体评论，说香港人过去嘲笑新加坡人没有民主，但新加坡人民却安居乐业，还有一个值得人民排8小时的队去鞠躬景仰的领导人，而我们香港除了骂和怨，还有什么？马来西亚的媒体说，新加坡是从无到有，而马来西亚却是从有到无；还有中国港台地区的媒体讨论新加坡从第三世界到第一世界的转型只用了一代人的时间，许多国家和地区却是每况愈下……这才突然间意识到我们是身在福中不知福，视一切为理所当然。我们曾经的"怕输"和"冷漠"，曾几何时已换成了"自律"和"互助"。排队的那几个小时，我为一群素未谋面的新加坡人所动容，一句小叮咛，一把遮阳伞，一瓶矿泉水……我真的为自己是奉公守法、敬爱互助的新加坡人感到无比骄傲！

原以为李光耀是上一代和我们这一代的新加坡人才会去悼念的

领导人，年轻人应该对他没感觉甚至没什么好感。大大出乎我意料的是，年轻的新加坡人对新加坡的认同感远远超出我的想象。小儿子和一群一同服兵役的战友，第一天就成群结队地去排队，一路上拍下沿途的照片在家庭群和朋友群里图文直播，让远在海外的哥哥和朋友第一时间得到这里的消息。他对朋友说，他很荣幸能亲眼见证和参与这历史性的一刻，然后把书架上的《李光耀回忆录》等一系列的书籍拿到房间开始好好地研读。外甥女也说这一周的耳濡目染远胜她十几年在学校上的社会科学课，历史原来不是课本上说的那么遥远，历史原来是那么真实地影响着我们的生活。许多记忆断层里的历史片断骤然间连接起来：哦，原来这是我们的国家！哦，原来这一切都那么来之不易！雨中的含泪告别，在年轻人心中留下了历史的烙印。这份历史的庄重感，让新加坡年轻人明白"前进吧，新加坡"是什么含义。我真的是为这种代代相传的新加坡人的认同感感到无比骄傲！

永别了，敬爱的李先生。您一定看到了这一切，您的精神在我们心中永垂不朽。就像您在新加坡独立时所发出的誓言：We will survive。新加坡一定会继续前进！

（原载《联合早报》2015年4月6日）

柔性领导力
李秀娟教授管理随笔集

一路的送别

2065 愿景

已经好多年没在新加坡过圣诞和元旦。过去五六年要么都飞聚到美国和加拿大，要么都飞聚到中国或日本。一家五口在四个国家生活，只有暑假和寒假可以相聚在一起。今年因为外婆身体不好，要求孩子们寒假都回新加坡。

老大还带了几个澳大利亚的同学来新加坡玩，过完新年后会到尼泊尔义诊，难得年轻人愿意在假期里去参与慈善工作。从小到大，老大都喜欢带朋友来家里吃喝玩乐，家里就像是露营基地，房间睡满一地。朋友越积越多，每次回新加坡，就有小学同学来聚会，中学同学来聊天，服兵役时的战友来唱歌，一会儿是美国同学来玩，一会儿是澳大利亚同学来小住。经常听他说起哪个哪个同学的新情况，谁搬去了纽约，谁去了硅谷，谁去了香港之类的。

老二、老三的同学，也是长长的一串介绍，每次问这个同学是哪里人时，一句话总说不完，父母原来是中国内地或中国香港或中国台湾或美国人，孩子在澳大利亚或阿根廷或中国或新加坡出生，可能又在不同的地方读书长大，然后再到美国、欧洲或澳洲读大学，一家人可能拿几个不同国籍的护照。这是全球化时代普遍的一种家庭现象，家庭越来越"多国籍化"，孩子的成长轨迹也越来越早地全球化，成长期间都在几个国家生活过。可能是经历和视野的开阔，这些孩子比起我们那个年代，更阳光、大器和自信，也更少了一些国家和民族意识。双国籍甚至多国籍可能会是未来的趋势。

因为自己也没去过新加坡的一些新景点，所以顺便陪着年轻人游玩新加坡。站在滨海湾看新加坡的夜景，发现原来最具标志性的鱼尾狮，现在在滨海湾金沙酒店、滨海艺术中心和新加坡艺术科学博物馆的对比下，显得非常渺小。新加坡的夜景变得更有气势和国际范儿了。购物中心越来越多，品牌店也越来越多，餐厅和酒吧到处都是，路上名牌跑车目不暇接，外国人也越来越多，连小商小贩的聚集地都常见到穿短裤和拖鞋的外国面孔。原来这几年，新加坡也换了面貌，越来越有国际大都会的范儿。建国50年，真的好不容易，也值得庆幸和骄傲。我们能安居乐业那么多年，是何其幸运。可是未来50年呢？

坐在咖啡厅里，我问孩子们希望未来的新加坡是怎么样的，会想在哪里工作。孩子们说哪里有好工作就到哪里去。这一代的年轻人确实已经非常"移动化"了。所以经济发展肯定是个大前提，没有经济的发展，哪有好的工作机会？中国的强大吸走了不少的人才和机会，上海的自由贸易区、洋山深水港和金融中心也对新加坡的港口贸易及金融中心造成了一定的影响，这两者是新加坡的金饭碗。未来如何维系稳定的经济发展和创造更好的工作机会将是吸引年轻人留住脚步的重要因素。

老大说最希望看到的改变是新加坡人的被动思维模式,他在新加坡的医院里实习,看到医生和护士对行政官僚的无奈,却又不愿意去尝试改变,比起他在澳大利亚医院的经验,让他感到困惑,到底是体制问题还是素质问题?老二更是觉得新加坡的教育方法需要更开放和多元化,他还希望表演艺术更多地融入生活,而不是只局限在几个地点。现在社区的硬件很不错,但感觉只是餐厅和零售店很多,缺少了文化元素,生活需要有更多美感,更多的绘画,更多的街头艺人,更多的生活艺术创意。总而言之,新加坡需要更多的解放和自由,只有这样,年轻人才能释放出更多创意和创业精神。

新加坡需要 2065 愿景,需要更多年轻人一起来想象,大家一起"忽悠"起来吧!

(原载《联合早报》2015 年 1 月 12 日)

柔性 **领导力**
李秀娟教授管理随笔集

异日图将好景

SG50 随想

SG50（新加坡建国50周年）期间一直留在新加坡，不为什么，只觉得应该参与举国同庆。50年的蜕变，半个世纪的耕耘，家园原来是一个奇迹的化身。它背后有历史的无奈、巨人的眼光、血汗的代价，更有无数小人物的付出和辛酸。我必须见证50年的这一刻，分享这一刻的喜悦，分担下一刻的忧愁。

穿梭在新加坡的大街小巷，想看看50年的变化在哪里？许多童年的记忆再也找不回来，学校不见了，老家不见了，熟悉的建筑和熟悉的街道也消失了。但也有许多新的发现和惊喜，例如，多了许多可以跑步的林荫道，河岸边的政府组屋越建越漂亮，公园也越来越多。最最喜欢的还是那周日早上的植物园，那里有许多自己童年的回忆，也有许多孩子童年的回忆，那些茂密的植物，那个天鹅湖，那棵老树，那片草坪，那座音乐亭，那份周末早餐，都让我们百走不厌、百看不烦、百吃不腻。植物园已被列为联合国教科文组织世界文化遗产，我觉得那是实至名归。喜欢植物园，不仅是因为她的怀旧，能勾起许多美好的回忆，更是因为她的创新，带来新的惊喜和愉悦。如果植物园还是十年如一日的老旧，我或许会少了许多期盼和想象。新加坡的未来或许也应该是这样的，有旧的底蕴，也要有更多新的创新，像植物园一样，让人流连忘返。

国庆结束之言，交通部部长吕德耀公开表明引退，一下子把公众的关注点从国丧转移到大选上。是的，新加坡马上将迎来的是后李光耀时代的大选。民生议题永远是大选的箭靶，从房价到物价到车价，乱箭从四面八方射来，有理性的，有情绪性的，要有多强大的心脏才能抵得住红心不流血？说真的，这几年的房价、车价涨得让人目瞪口呆。房价涨是有人欢喜有人忧，有人希望涨，有人希望跌。但车子越来越贵是让许多人都不满的，对一些家庭来说，车子不是奢侈品，而是生活必需品，特别是家里有幼龄儿童和生病老人的。如果连公共的地铁交通都不能保证顺畅，很难不引起民愤。吕部长引退，因没说具体的原因，各方也揣测不一。我倒觉得那是种担当，他在前线应该能感受到剑拔弩张的冲突，只有担当，才能减轻杀伤力。其实引退是需要无比的勇气的！他是一个军人，我愿意相信他有一个高尚的理由。

许多人都感叹惋惜政府失去了好人才，但同时这也向人民传达了一个信息：部长不是好当的，不能白拿高薪，更不是铁饭碗。这从另一个层面来说，也是政治生态的一种变化，尽管这种变化可能也会付出一定的代价，但不变的代价可能更大。

今年是特别的一年，从李光耀先生离世留下的震撼，到50周年华诞丰富多彩的庆祝活动，再到大选的即将来临，我们将开启另一个50年的发展历程，未来充满变数和挑战，但我相信我们已经有了很好的底蕴，需要年轻人更多的创新和激情，为下一代打造一个更美好的家园。

（原载《联合早报》2015 年 8 月 24 日）

柔性**领导力**
李秀娟教授管理随笔集

我最喜欢散步在新加坡的清晨

民主中的权威

为了这次大选，我特地回新加坡投票。过去，抱着"反正多我一票不多，少我一票不少"的心态，我对大选从没这么认真过。但得知今年所有选区都有反对党参加竞选，更得知民主党的徐顺全在我的选区，这才突然觉得这是一次非常重要的选举、一个分水岭式的选举，我得回去投出我神圣的一票。

或许是 SG50（新加坡建国 50 周年）的转折点，或许是后李光耀时代的开始，或许是许多反对党的跃跃欲试，或许是社交媒体的煽风点火，这次大选熙熙攘攘、全民参与，去听群众大会的热情好比去听演唱会，比往届大选热闹得多。我当然也去凑了凑热闹，但确实也是想听听反对党有什么治国安民的理念和招数。现场人山人海，但很容易分得出哪些是支持者，哪些是旁观者。我不断地观察周围人的反应，有人还对我会心一笑，似乎彼此心照不宣。旁边有个听众还靠过来说，讲来讲去就是那些事。确实就是那几件事——物价、房价、外来人才、公积金、交通、部长高薪……几乎所有的反对党都是一样的诉求：把我送进国会，我会为你争取福利！

朋友、同学之间也从没有这么激烈辩论过，我的一个同学群，每天往来交锋不下千个对话。可以分成几个观点：有一小派认为应该让更多反对党进入国会，让他们来监督执政党。有个朋友甚至列出了最佳组合，希望有两个工人党集选区、两个单选区、一个民主党集选区、一个单选区，共17人，占国会20%的议席，这样反对党既可以有足够的声音和作为，又可以在风险控制之中。挺理想化的。有人甚至觉得一个成熟国家的政治就应该逐步迈向两党轮流执政。

另一派则认为，新加坡国小人少，如果国会中三分之二做事、三分之一批评，效率低下可想而知，特别是如果正、反两方的代表素质水平参差不齐，那就不会是针锋相对的辩论而是相互扯皮和口水战。以600万的人口，新加坡不可能走向美国式的民主，也不希望走向中国台湾式的民主。难道一定要两党对立、相互制衡才是民主吗？我们需要为民主而民主吗？执政党目前的成绩单有目共睹，国际上对我们认可和尊重，应该再接再厉，不需要乱搞政治，分散了资源和精力。这一派相信，事实已经证明，强势执政是维护新加坡未来的最好选择。

一些中间派觉得现在主要的争议点在于经济发展的节奏和社会政策脱节，产生了民间的怨气和社会压力，所以需要更多体恤民情和人性化的政策及措施。执政者的优越感和高度，有时给人不接地气的感觉，需要有反对党施加压力，提醒执政党不仅要为国服务，更要为民服务。

有趣的是，支持更多反对派加入国会的这一派，发声最多，怨气和不满也比较多。支持强势执政党的这一派是据理力争,强调以大局为重。中间派则比较温和,不断定一切都会往好的方向发展。当然,群里沉默的大众还是大多数。

　　大选结果是意料之中,也是意料之外。但我觉得,这是最好的新加坡政治模式——中西结合,由民主中选出来的威权——权威中有民主,民主中有权威。我们应该坚持走自己的路。

柔性领导力
李秀娟教授管理随笔集

责任与自由

消失的书店

上周二受水哥邀请参加了季风书园搬迁后的新生日，生日庆典在上海地铁10号线上海图书馆站正式举办，那一天也是4月23日"世界读书日"。

水哥，大名于淼，戈友公益援助基金会副理事长、志愿支教队队长，每年都组织志愿支教队伍到农村支援中小学教育，是一个充满热情和理想的企业家，热衷于社会公益活动，是一个充满正能量的帅哥。

在网络书店蓬勃发展的今天，传统书店几乎被赶尽杀绝。季风书园1997年在上海的陕西南路起家，发展到全盛时期时有8家连锁店，但接下来一路关停，只剩下市区内的一家旗舰店，过去15年的大起大落就快成为一段记忆。书店创始人老严在连年亏损中无奈地考虑给季风画上句号时，遇到了水哥。3月份合约到期的季风书园陕西南路店宣布易主，"70后"民营企业家于淼接盘。

开幕茶会上遇到的几个"戈友"，都说佩服水哥的勇气。大家感慨地说以前去北京到万圣，去南京找先锋，去上海奔季风，去杭州寻枫林晚，去广州看学而优，去台北逛诚品……好的书店被认为是城市的文化地标，但越来越多的书店正消失在城市的地图中。实体书店陷入困境成为网络书店的陈列室已是人尽皆知，租金飙涨，人工费翻倍，在成本和销售的双重挤压下，实体书店几乎没有了生存空间。像季风书园这样能活到现在已经很不容易了。其实季风书园的境遇只是近年来独立书店挣扎求存的缩影，2010年后，北京、上海、成都等有着城市精神象征意义的独立书店陆陆续续地倒下。消失的不仅仅是传统的人文小书店，更是一个城市的文化面貌。

但大家都不看书了吗？也不是。在实体书店不断消失的同时，网上书店的销售市场规模则不断扩大，在当当、卓越这些网络书店火热之后，越来越多的商家也进入这一领域。苏宁易购的图书频道已经上线，而以家电网店发家的京东商城在2010年年底就卖起了书，2011年京东图书、音像的销售额增长速度超过10%。可见，还是有很多人在看书、买书，上网买更方便、更便宜。网络书店步步逼进，背后有的是雄厚的资本势力，而实体书店成本高、贷款难，部分书店只好转型，搭售文具百货，举办各种讲座活动，等等。像台湾的诚品书店，凡去台湾的人都会去那里逛一逛，但它的图书销售并不能为它带来利润，而是得依靠一楼、二楼的其他销售盈利。现代的书店已不能单纯卖书了。重新开张的季风书园开设在人来人往的地铁站，依旧保持其人文特色，并开设了小咖啡厅和健康食品体验区，还提供多种互动服务的文化休闲空间，从饮食到思想，希望塑造绿色、有机的品质生活方式。

"有谁曾梦想过开一家自己的小书店的？举手！""戈友"们闲

聊时问。身边十多个人都举起了手。大家都想过，但没去做，因为担心风险，而水哥却做了。理由很简单：不想让自己后悔。他说，不会后悔自己做过什么，但会后悔自己没做什么。水哥，给力！

（原载《联合早报》2013 年 5 月 6 日）

好校长

去年参加了戈壁支教队的一个公益活动——"好校长"计划，对贵州30所农村的中小学校长进行培训。当时参观了一所民办学校，在很偏僻的贵州省贵阳市修文县马家桥乡，校长叫杨昌洪，只有29岁。他创校时才21岁。这小子长得阳光帅气，大学毕业后在贵州省广播电视大学任职，可是工作6个月后，却毅然辞职了。

"当时我接触到很多差生，他们打架逃学，被老师归为问题学生，没有学校收留，如果不能继续接受教育，可能就此误入歧途。当时我很想办一所学校，一所关系平等、能让孩子们自由沟通的学校，让那些'差生'们有一个继续读书的地方。"杨昌洪娓娓道来，眼中闪烁的是热情和理想。在这个被物质充斥的社会，怎么还有这样的"傻瓜"？就这样，一个单纯的年轻人，开启了一个单纯的信念。

现实肯定没那么单纯，他开始到处奔波。"我几乎跑遍了贵阳市所有的大街小巷。为了找空置的办学场地，我每天都在转悠，住5元钱一晚的旅社，实在没钱了，就到老同学的居所借住。"跑了一个月多，场地是找到了，但没有一所职业学校允许他办分校，原因是"他太年轻，肯定办不下去"。好人终会遇到贵人，他后来得到了大学老师的帮助,最终创办了贵州国防军事职业学校第四教学部。这是一所名副其实的"差生"学校,里面80%的学生都曾经是问题学生,为了这所学校,杨昌洪苦撑了8年。

8年来,有没钱发工资的时候,有被赶着搬离的时候,8年来学校已经搬迁了3次,今年6月30日,学校又被要求搬迁……

搬迁对杨校长来讲,是对信念一次又一次的挑战。学校曾经连夜搬迁赶路,老师领着学生步行了十几个小时,脚全都磨出了血泡。看到由营房改建成的破旧学校,杨昌洪曾一度觉得再也办不下去了,决定把学费全部退还给学生,让他们重新选择学校。然而,没有一个学生愿意走,"杨校长,无论你到哪里,我们都会一直跟着你,直到毕业"。听到这样的话,杨昌洪这个侠骨柔情的男人眼眶都湿润了。

"我想要个家,一个安定的地方",为了保住学校,学生们主动给省里写信,请求有一个固定的"家"。这是一群"差生",但在杨昌洪眼中,这群孩子有担当、能吃苦,根本不是问题学生。可是,每次看到孩子们在艰苦的环境中学习,他心里总感到特别酸楚。

我亲眼看到这群孩子的演出,忍不住湿了眼眶,他们掏心掏肺想要证明自己是最好的,那种投入和忘情,让人特别感动。就像学校一位71岁的老师上台时说的,他见过很多学校的毕业典礼,但没有一所学校的能这么感人,让人终生难忘,这也是为什么这位老教师还有其他老师,只拿着区区1 500元的工资却能坚持到今天……

(原载《联合早报》2012年5月7日)

当你老了

在去年的《中国好声音》节目里，冠军张碧晨唱了一首很抒情感人的歌曲《当你老了》。

"当你老了，头发白了，睡意昏沉。当你老了，走不动了，炉火旁打盹，回忆青春。多少人曾爱你青春欢畅的时辰，爱慕你的美丽，假意或真心，只有一个人还爱你虔诚的灵魂……"

可是如果"当你老了"换了个场景，在职场上，一切都会变得残酷无情，就像一头老了的驴子，任人嘲弄摆布。如果你是在高管的位置上，那更可能被人力资源想尽办法"边缘化"，把你调到一个边缘岗位，让你落寞地离开；或者采用"屈辱化"的手段，挑剔你的各种小毛病，让你不甘心受辱而辞职。

最近身边不少亲戚朋友都有这样的经历。很多时候还不是"当你老了"，而是当你刚刚开始变老，离退休还有一段路时，就开始感受到职场上的年龄歧视。一切的人力资源战略布局就开始预备着你的退场甚至出局。在大企业里，甚至在政府机构里，手段更是"专业化""合理化""合法化"，让你只能哑巴吃黄连，有苦说不出，深深体会到什么是"个人永远斗不过组织"。

以前在新加坡国立大学的时候,也曾经看到一些资深教授接近退休年龄时,就开始被安排减工减薪,看到他们慢慢被边缘化,然后选择沉默,然后只能更沉默。我当时心里就很纳闷,难道在新加坡就是这样的一条职业道路,这样的一种结局,这样的一种功利导向的职场文化吗?为什么我在国外的老师,越老越得到尊重,并且可以快快乐乐地退休啊?每个人迟早都要退场,但能不能让人退得有点尊严啊?

最近看到的是几个在政府机构工作的人的例子。工作了几十年,无大功但也无大过,只求安稳,好好工作,好好过日子。没想到就在退休的前几年,管理层突然开始施压,觉得他们的表现不如同级别的年轻同事,甚至级别更低的年轻同事。接着,管理层向他们提出了各式各样的工作要求,写报告不能有错字,做演示文稿需要有创意,需要同时进行多样化的工作,也要能熬夜完成工作,既比品质还比速度。忙不过来,让下属帮忙做,会说这不是你的功劳;自己亲自做,又说你不会授权,缺乏领导力;犯了小错误,不直接正面提醒纠正,却一一记录下来,作为你表现不佳的证据;开人力资源批评会时,四五个人面对你,一条一条念你的不足之处。欲加之罪,何患无辞呀!

这样拿年纪大的员工和年轻的员工比?那种感觉,就好像是一个生了孩子的女人,被老公嫌弃胖了,丑了,落伍了。更像是上了年纪的人,被质问为什么你反应这么慢了,为什么你记忆力这么差了。其实,他们的潜台词就是,你跟不上节奏了,只能降薪、降职或者走人。这样讲求效率和速度的社会，是不是太不厚道了？随着人口的老龄化，跟不上时代节奏的人会越来越多，我们的年龄歧视也会越来越严重。

像这样在年龄歧视下退出职场的人比比皆是。我问他们为什么不争取、抗议呢？他们都说，这个年龄说话有人听吗？算了，人生到了这个阶段，也已经看开、看淡了，还争什么？给自己留点面子吧。于是乎，年龄歧视变成了社会的沉默现象，背后是一股非常强烈的无奈和无力感。

请问，有谁愿意为年龄歧视发声啊？因为他们已经发不出声音了！

（原载《联合早报》2016年4月25日）

当平常遇到无常

春节前去了斯里兰卡，不幸病毒感染，回来病倒了10天，体温时高时低，全身乏力。新年里什么吃的喝的，一点也沾不上，还担心是不是寨卡病毒，过了一个挺窝囊的春节，连写稿的力气也没有了。上帝是很公平的，给了我一个很欢乐的阳历新年，再给我一个悲催的农历新年，告诉我人生就是这样起伏无常，我们只能随着欢乐和悲伤的韵律，感受生命的节奏，用平常看待无常。

假期回来工作的第一件事，就是处理秘书的离职。她大学毕业就来到学校当系里的秘书，年初时在年会上还领了个十年服务奖。我看着她从单身到结婚到生孩子再到离婚，两年前被系里的教授投诉要求换人，当时她刚离婚正经历心理打击和失落期，又带着不到两岁的孩子。我对女人是比较同情的，把她转到我的研究中心下面做行政工作。可是两年后我还是得狠下心来把她给换掉。

都说可怜之人必有可恨之处，我确实同情她年纪轻轻做个单身妈妈不容易，但一个女人一旦找到了"靠山"就不思进取了。天天得过且过，你喊她，她动一动，你不在，她混日子，你骂她，她忏悔改过，你一放松，她就打回原形。时间长了，所有的同情和忍耐开始化为失望和愤怒。我知道她已越过我的心理底线。女人就是这样，一旦超越某个情感点，就没有回头路。理智和情感纠结了好久，我曾经是最支持她的那个人，可是她却可能在我手里终结这段职业生涯。我有时会逼自己换位思考，她会是什么感受？嫁了认识很久的老公，最后老公移情别恋了；亦师亦友的老板，最后也改变态度不给自己机会了。人生真是那么无常，说变就变吗？无常本是平常！想到这里，我就犹豫自己是不是做错了？人都会同情弱者，可是同情只会让她继续依赖，以为只要有个好的靠山，就能够遮风挡雨，继续活在"弱者"的心态里，坚强不起来。我只能告诉自己我必须做对的事（do the right thing）。她需要学会成长。

花了一个早上的时间沟通，刚把这件事情结束掉，就接到在美国莱斯大学的前同事、我新书的合作作者的微信，她告诉我，她的父亲癌症晚期发作，医生说只剩下2个月至3个月的生命。几天前还和她讨论稿子，答应在月底把书稿发给她由她接手继续写。现在时间表和计划都乱了套，5月底要交稿给出版社的期限，肯定实现不了了。书稿完成不了，随后的一系列发布会、座谈会、论坛都不知从何调整安排。新书项目从启动到加油到高速急驰，突然间要刹车，我几乎完全呆愣了。但在这个时候，我只能把事情和心情先搁置起来。任何事情在死亡面前都显得微不足道。平常碰到无常，只能让道。

晚上闺蜜约吃饭，她正经历感情风暴，和现住美国的老公的婚姻出了状况，女儿才三岁。新交往的对象也是有两个孩子的有妇之夫。一边是跨文化婚姻，有自己的不融合；一边是家族的"富二代"，权力和财富搅拌在复杂的家庭关系中。比连续剧还连续剧的剧情。两人挺般配的，但却在错误的时间相识，原本简单的相互爱慕，却因千丝万缕的关系和角色，不断产生矛盾而吵架，却又对彼此有着巨大的吸引力，不舍得放弃。听着听着，心里不断叹气，但感情里的是非对错，是上帝都无法判断的。相比于柴米油盐的平常日子，爱情的无常无规，或许才会让人着迷痴恋，直教人生死相许。

人生或许就得学会用平常看无常，无常中看平常。

（原载《联合早报》2016年8月15日）

结婚礼物

和静约好,周六她来接我一起去位于外滩的半岛酒店参加她一个同学的婚礼,因为他们班同学决定把我的一本书《ShEO:她时代下的商界女性素描》(ShEO是"She is CEO"的缩写)和一个课程送给新娘,邀请我以作者的身份去送礼,希望给新娘一个惊喜。我开始时对送这份礼物有点啼笑皆非,结婚竟然送这么不浪漫的礼物,但他们同学觉得这样的礼物有创意又有进取心,加上新郎本身在文化界小有名气,邀请了好些文化和演艺圈的明星出席,我便抱着好玩和看热闹的心情答应出席。

哪知道,婚礼前一天我出差完飞回上海,低估了天气的寒冷程度,走出机场时,一阵寒风袭来,我当晚就得了感冒。第二天心里还纠结着去不去婚礼,因为那会是"一把鼻涕,一把眼泪"的送礼。但我总不能临时破坏别人的创意吧,心里有点后悔但还是预备着要去。下午,静来电说她才刚从公司开完会出来,堵在内环路上,天还下着小雨。傍晚,我在家门口一时叫不到出租车,电话来来去去打了好几通,最后静建议我还是不要去了,她担心我感冒又冒雨出门会生大病,她说她会直奔婚礼现场再看看怎么做调整。我松了一口气,可以回去好好睡一觉了。这世界真的没有谁缺了谁不行的。我去是为了静,我没去是她为了我,这就是朋友。

喜宴后,静还是不放心地跑来看我。我眼前的这位河南美女,长得像年轻时的钟楚红,比钟还瘦,妩媚中带一丝不服输的倔强,声音特别有磁性。她虽然外表柔弱,性格却是"大姐大"。很难想象这样一位美女是一家房地产公司的老总,六年前自己一手创业,几年下来在大气候那么多变的情况下,还是闯杀出自己的一条路,手中的三个项目进展得还算不错。当然创业过程中的冷暖,不是外人所能轻易体会的。

平时意气风发的静,此刻一脸沮丧地向我倾诉。她自责没把时间安排好,搞得自己疲于奔命、身心疲惫。最近她正处于超负荷运转的状态,天天忙得一回家倒头就睡。目前公司规模还小,大小事都得亲自打理,没法请到能分担的合适的人选。希望公司规模做大了,资源充分了,自己能轻松些。但若要继续扩大规模,问题和挑战更多,自己要比现在更拼。讲到这里,她叹了一口气道:"我现在皮肤干燥,心情烦闷,容易发脾气,和老公、孩子的关系都紧张起来。再拼下去,我自己都会讨厌自己。你说怎么办?"身为女性,我特别能够了解职场女性的这种困扰。我调侃她:"谁让你那么贪心?什么都要?"她问我是怎么平衡的?我说就是时间管理和角色管理吧。

时间就是金钱。要把时间当金钱管理,一定要每年给时间做预算,什么事投入多少时间,这样才能帮助自己做取舍。如果花钱没有预算的概念，常常就不知道钱花到哪儿了。时间也是一样，如果没有规划，时间在不知不觉中就花掉了。如果能有个预算，自己就能把握好度，超额度的就只能说"不"了。其实取舍并没有那么难，难的是自己没想明白。静恍然大悟，她说她就觉得样样事情都重要，活动又多，搞得自己分身乏术、力不从心，然后心里一堆纠结。时间大大透支，利息也太高。

职场女性常犯的另一个错是角色没转换好。我们现在扮演的角色太多，时间太紧迫，常常换了场景却忘记换剧本，把角色演错。在工作中当领导、当老师习惯了，回家还继续当领导、当老师，忘了怎么当老婆、妈妈、女儿，讲错台词，用错语调。静听着不断点头，然后反思最近和老公总是吵架怄气，真的是在不知不觉间忘了自己是谁……

聊了一个晚上，临走时静给了我一个拥抱，她说："你知道为什么我要送你的书给新娘了，我们这些女企业家有时真的容易迷失自己。走着走着就迷路了……"

（原载《联合早报》2014年5月5日）

虎父无犬子

收到老陆的邀请参加小陆的生日派对加送行会，小陆将远赴美国常春藤大学攻读工业设计。老爸用心良苦，在香格里拉酒店设晚宴为儿子庆贺，父亲和儿子各自邀请了自己的朋友。老陆原是外交官，后来下海创业。夫妻二人对事业和家庭理念不合，最后分道扬镳，孩子跟了老陆。离婚后老陆自己带着儿子，事业忙，应酬忙，这两年更是为了儿子考大学忙，陪读、陪考还陪着到美国各名校考察。儿子叛逆过，和父亲斗智斗勇过，但虎父无犬子，终于考取了美国的名校。老陆算是苦尽甘来，邀请亲朋好友一起庆贺、送行，难掩做父亲的骄傲和喜悦。

不能不承认中国确实是人才济济，每年春夏之交，总会有周围朋友或学生的孩子报喜讯，说被美国的某某某学府录取了。不说则已，一说都是最顶尖的哈佛、斯坦福、耶鲁、普林斯顿大学，等等，让人目瞪口呆，怎么都那么厉害啊？！老二的同学——全年级的状元，还是我学生的女儿，同时被六所常春藤大学录取，破了上海学校的纪录。关键是她不仅功课好，课外活动也是顶呱呱，能文善武，性格也活泼开朗。中国的新生代真的不容忽视！

媒体或许是夸大了中国"80后""90后"的问题，尽管现实生活中确实有许多问题二代，但也有非常积极、阳光、充满正能量的一群。前几天请了几位女性二代家族成员来论坛演讲，都是30岁不到，美国海归，讲一口流利的中英文，自然自信，气质不凡。其中一个女二代自己创业做防辐射服；另一个接班父辈的传统企业后进行互联网创新，网上定制男服的商业模式非常成功；还有一个负责谷歌大中华区和韩国的商业拓展业务，积累零售和互联网经验后，刚回到父亲的连锁超市集团负责电子商务平台。三人娓娓道来，言之有物，全场都是羡慕的眼光。相比于我认识的新加坡的同龄年轻人，我觉得她们不仅知识和学识不相伯仲，在国际视野和气质、个性方面已经远远追上，更重要的是年纪轻轻的她们，已担任要职，有更大的资源和平台，可以得到更好的磨炼和发挥。中国的新生代确实后生可畏，前途不可限量。

这一切或许得归功于中国父母对孩子教育的重视。中国人口多，竞争非常激烈。爱孩子就不能让他输在起跑线上。这样的环境造就了许许多多的虎爸虎妈！最近一部电视剧《虎妈猫爸》反映的就是中国父母对子女教育的心态。赵薇演的虎妈和佟大为演的猫爸，开始是各忙各的事业，直到虎妈赵薇忽然发现周围的妈妈们早已为孩子的教育忙得团团转，而自己还懵懂无知，才终于做了很多的牺牲，为的就是让孩子不输在起跑线上。现实生活中，虎爸虎妈随处可见，个个都想方设法让孩子得到最好的教育，有条件的父母都希望把孩子送到国外，更快地掌握国际语言和游戏规则。

虎父无犬子

送行会上，大家都在分享教育孩子的信息和心得。许多家长已经计划暑假送孩子到欧洲或美国参加什么夏令营，以便拓展孩子的国际体验，有些已经办理了移民，希望孩子能早点学好英文。这些虎爸虎妈不仅在商场上体现了积极进取的精神，就是对孩子的教育也一刻都不放松，愿意投入时间和金钱，争取最好。这样积极进取的竞争意识，怎不叫旁人害怕呢？！

中国过去穷人读书能改变命运，现在是富人读书能如虎添翼。未来的世界将会是怎样的？

（原载《联合早报》2015年6月1日）

相逢何必曾相识

　　自从有了社交媒体，社交生活似乎也活络起来。就有同学那么厉害，把小学同学都找回来了。几十年没见的童年同窗，突然间又从遥远的记忆中蹦了出来。其实除了那几个顽皮的或漂亮的，谁还记得谁呀？！第一次聚会，陌生远远多于熟悉，面孔跟名字对不上号，得加上零零碎碎的事件，才能勉强把记忆的图片给拼凑起来。哦，啊，想起来了！原谅我吧，人生的记忆已经被刷屏了千万回。

　　断落的记忆，其实就像断落的缘分，只有点，没有线，只能点点滴滴地凑合着。说有意思也有意思，说没意思其实也真没意思。有同学被联系上了，但觉得没意思所以也就不来了。

　　不是毕业的时候在纪念册上写着"友谊万岁""永远的朋友"吗？是年少无知还是世界上本来就没有永恒的友情？

　　到底什么是朋友呀？每次参加老同学聚会，吃着笑着，玩着闹着，但自己的心绪常常霎时就会飘离，好像坐在一群陌生人中间，这里谁也没有真正认识谁。难道朋友就是小时候老师所说的一群"狐朋狗友"，在一起就是吃喝玩乐？用喧闹来掩饰自己无以告白的无奈？所以大家就心照不宣，且笑且过。

　　但这样的朋友还算好的，不掏心但也不烦心。在中国，我比较害怕交朋友，甚至认亲戚，因为这里所有的关系都会有实用价值。有好些远亲近戚会想方设法地联系上我，一辈子没见过面的亲戚，吃过几次饭后，就会有所求，推荐工作，推荐学校。微信上也是时不时就会有人问群里谁认识谁，能不能帮忙推荐认识一下？贷款的，买房的，出国的，有朋友就有捷径，方便多了。小时候老师所教的"在家靠父母，出外靠朋友"，确实还挺实用的。所以投资友情是有回报率的，跟朋友就要时不时地联系、吃饭、送礼，这样有事时才好求助。

回想人生中会有那么几个知心朋友，在相识相知的那段时间，无所不谈。虽不至于到伯牙摔琴谢知音的程度，但衣服共享，眼泪共淌，悲欢与共。有的蓝颜知己、莫逆之交，永远是那个第一时间知道你的喜怒哀乐、能解读你的真善美的人。但他们像是天使，不知什么时候悄悄给你添了生命的色彩，却又不知什么时候悄悄离开了你的生活画面，不带走一片云彩。无言的开始，无言的结局。所以对朋友，琴一定不能摔，因为摔破了，音乐也就停止了。

也有人说朋友是患难见知交，人生中也遇过几回。曾经有朋友陷入商场火海、焦头烂额，当时拔刀相助，但往往时过境迁，所有的浓情厚谊，都抵不过现实对感恩的摧残。所以要求朋友在患难时两肋插刀，那对友情的要求和期望就太高了，多少人能担当得起呀！

朋友，或许都只是过客，萍水相逢而已。相逢何必曾相识？心无所求，情常在。

（原载《联合早报》2016 年 1 月 25 日）

闺蜜时间

上周末和几个闺蜜相约吃饭聊天，这是我们今年的第一次聚会。我们已至少有三四个月没见面了。所以大家都热烈期待相聚的时光。本来就只是五个女人的聚会，碰巧闺蜜们的好友晓东从北京来，大家就把他和老陆一起邀请来聚会。五女二男的聚餐聊到接近午夜，笑翻了天，但更多的是感动，为这冬天的夜晚增添了许多暖意。

已经好久不见的晓东，改变很大，这个骨科医生，现在是一家民营医院的院长，前年大病了一场后，好像换了个人似的，铁汉现在更多了几分柔情。莉莉的老母亲有些精神分裂症，搞得她精疲力竭，大家不断帮助她调整心态。老陆原是外交官，下海创业多年，夫妻离异，前妻已是某国的参赞，他一直自己带着一个17岁的儿子，事业和家庭都扛在自己身上，对一个男人来说挺难的，但他从不诉苦，我们一直想帮他做媒，但都没成。终于在去年——他50岁那年，娶了在身边工作五年的26岁的助理Lulu。是日久生情吧。Lulu虽然是个"80后"，可非常俭朴踏实，是个贤内助。我们十分诧异但也为他高兴，可以感受到老陆婚后安定和快乐了许多。当他跟我们说起和与自己年龄相仿的岳父岳母的相处时，我们差点笑破肚皮。另一个闺蜜静是创业者，现在已经是房地产公司老总的她说起当年创业时的苦，说起自己如何用真诚感动竞争对手拿下标的，让我们对这个外柔内刚的女子的创业精神和勇气无比佩服。芳芳正在创业，一脸疲惫，但大家给她提了许多好的建议，分享了很多经验……

　　有人说"三个女人一台戏"，女人之间不会有男人哥们儿那种肝胆相照的交情，因为女人善嫉。其实不然。一个女人一辈子会碰到一些无所不谈的好友，以前都叫死党，现在更喜欢称为闺蜜。我曾经看过一篇文章，一个精神科的医生指出，对男人的健康而言，结婚和家庭是最好的事；而对于一个女人的健康而言，最好的办法是建立和培养她与女性朋友之间的友谊关系。男人需要女人的支持，而女人有时更需要女人的支持。男人之间的交往大多是谈工作和爱好，他们的关系是建立在活动或事情上的，谈的都是外在的事，即使有困难需要帮助，也倾向于提供物质上的帮助，男人之间彼此很少谈心或聊聊自己内心的感受。而女人和女人之间会更倾向于交流感情，谈得更多的是自己的感觉，彼此之间相互倾听。她们会分享生活中的点点滴滴，也会相互批评，相互帮助和解压。所以高品质的"闺蜜时间"可以帮助女性更好地调整自己的心态和心情，甚至能产生更多的血清素防治抑郁症，交流过程中建立的亲密关系能让女性更好地认识自己，从而也更能接受自己和爱自己。

　　"闺蜜时间"和跑步或做瑜伽或在健身房中锻炼是一样重要

的，锻炼后能释放压力、消除疲劳，"闺蜜时间"则能让女性在感情、精神上得到释放和疏解。聚在一起时，偶尔会没心没肺地胡侃一通，偶尔会抱在一起痛哭，偶尔会一起去酒吧买醉，喝高了再相互拥送回家……闺蜜之间不一定有很多时间见面，也不一定时常挂在心边，有时会把她们完全抛在脑后，但是在遇到一些事情的时候，一定会马上想起她们，因为你知道她们一定会伸出手来拥抱你。

（原载《联合早报》2014 年 1 月 13 日）

心连心

爱的教育

最近，中国的精英群体热烈探讨对二代的教育。

同事最近在被采访时用自己研究出来的"杨三角理论"对孩子的教育进行了分析。他说，企业持续成功的核心是战略方向 × 组织能力，所以对孩子也是一样，首先要认定目标，找对方向，其次要确保孩子具备实现这个目标的能力和发展条件。所以他的孩子从小就懂得规划人生，知道到 30 岁时自己要成为怎样的一个人。作为父母，就得尽量做孩子天赋的侦探和孩子人生的教练，为孩子的未来做准备。当然，在这样有规划的培养下，他的两个孩子都进了美国的名校，一个读医，一个做了管理咨询顾问。

我是少有的育有三个儿子的女教授，所以也没有被放过，要我谈谈儿女经。大家都很好奇精英父母是如何培养孩子的。老实说，我心里是一万个不愿意公开谈孩子，因为我从不推崇他们成为精英，更不认为他们是典范和代表，我更愿意他们做平凡、快乐的自己。幸好先生和我是同一个理念，所以我们从来不会因为孩子的问题而产生争执。

采访过程中，我的教育方式被记者们归类为"散养式"。我还是第一次听到这个词。

或许是自己小时候受蒙特梭利教育理念的影响，孩子很小的时候，我就送他们到蒙特梭利幼儿园去发掘自己的天性和兴趣，让他们随自己的意愿和好奇心去学习。这样的学前教育使得他们的学习心智打下了一个健康的基础。我是那种创造条件但随后就顺其自然发展的母亲，小时候希望他们能在德、智、体、美、劳几个方面平衡发展，除了德育和智育，他们还会选一项体育和一项美育，平时还要自己劳动打理好自己的房间。孩子的成长总是磕磕绊绊，学习也是三天热两天冷，我就一直陪着兜，陪着转，被他们弄得晕头转向。

记者问："你不担心、不着急吗？不和别的父母攀比吗？"我确实纠结过，不过后来学会了逃避。我从不参加家长会之类的活动，也不和别的家长交换意见和心得，因为真不知道说什么好。老师见面时老提醒我要检查孩子有没有做作业，要多督促孩子做功课，我却对老师说这不是家长的责任，是孩子的责任。所以我们家的孩子从来就不是老师眼中的"三好"学生，总有这样那样的缺点。

男孩子特别调皮，真够考验我的耐心的，唯一让我坚持自己"散养"理念的是我一直就觉得他们特别阳光，不压抑，不扭曲，不纠结，不亢不卑。至于功课，中上等就行了。老人家都说要等孩子自己开窍，原来也不明白是什么意思，后来真的在孩子身上发现他确实会有开窍的那一天，等他自己开了窍，掌握了自己的方向盘，一切就少操心了，他会开始对自己的人生负起责来。几岁？ 15

岁左右吧。小儿子更晚熟些。

去年因为参加了一个研讨会，回来后很好奇地对孩子们做了一个调研，分别问了他们：你怎么形容你的家庭？三个孩子在不同时间的回答都类似："我们家很快乐且有乐趣（fun and funny）。"让我感动的是他们说："我们的父母从不严厉，但我们反而会自己要求自己。"言下之意，就是让父母真的不用管太多。更让我无比欣慰的是，当我问他们觉得我们家里哪些价值观是重要的时，三个人在不同时间、不同地点的回答都很类似，连排序也一样：第一，要诚信；第二，家是很重要的；第三，要有担当并且自食其力。当他们不约而同地这样总结时，我真的体会到爱的教育才是一个人最根本的本质教育。

只要给予充分的阳光和养分，充分的宽容和空间，充分的信任和欢笑，充分的沟通和关怀，这颗种子就一定能萌芽并茁壮成长，是花就是花，是树就是树。

（原载《联合早报》2016年5月9日）

1+1=？

我们家三个儿子，三个人，三个样。

老大在英华中学毕业后到美国念医学工程，每年暑假都会到上海实习，去年在美迪西公司研发部做癌细胞药物检测，每天要为小白鼠抽血打针，刚来时公司的同事都称他小帅哥，后来都称他抽血王——抽小白鼠的血是又快又准。原来，每开发一种药物真是需要牺牲几百万或几千万只小白鼠。他在学校做教授的研究助理，也是解决问题的高手，逻辑分析能力强，在他的世界里，从来都是1+1=2。

今年他到辉瑞公司市场部实习，希望能了解研发与市场部之间的流程和互动关系。刚好公司推出新产品，他参与了新产品推出的市场计划，从内部推广到外部推广都要参与。小伙子第一次见到那样激烈的开会场景，大家视角不一样，立场不一样，方法不一样，争论不休，没有绝对的对错。他这才知道原来客户是用钱砸出来的，一个市场计划需要耗费几千万元，视觉、味觉、触觉、听觉，都必须投其所好，这个学工程的男生，开始了解品牌价值不是1+1=2算出来的。

老二可乐坏了，哥哥终于承认许多事情不是方程式和逻辑能解决的。他在初中一年级就和弟弟到上海中学的国际部读书。这个左撇子，从小就爱和哥哥争辩，1+1=11 是他的逻辑，确切地说应该是他想象中的答案，他会争辩为什么不可以是 11 呢？然后比手划脚，能言善辩，为的就是要说服你答案可以不止一个。碰到他钻牛角尖和你争辩鸡生蛋还是蛋生鸡，你会举双手双脚投降。他说科学是找到答案的领域，还没找到答案的领域叫哲学。科学是已知，哲学是未知。

我们家老三呢，从来不加入争辩，更不要说站边了。1+1=？他头一歪就猜：是 7 吗？你瞪大眼睛看他，他就把头歪向另一边：难道是 8？一副无辜的表情，是非对错有那么重要吗？他从不和哥哥们争辩，没原则就是最好的原则，永远是最好的倾听者，善解人意，乐于助人。他会因为一个老乞丐带着个小孩向他讨钱，可他身上没钱给而闷闷不乐，回家后还会担心刚才那个小孩吃不上饭。两个哥哥也从不欺负他，还老会帮他力挽狂澜。他在学校和奖项永远无缘，但人缘却挺好。对哥哥们的好成绩，他会真心赞美：Wow, good for you. I am not academically inclined（哇，你真棒！我对读书没啥天赋）。态度还真不亢不卑。有一天，他给我看了网络上的一段话："考 100 分的学生，你要对他好，以后他会成为科学家；考 80 分的学生，你要对他好，他可能会成为你的同事；考不及格的学生，你要对他好，以后他会捐钱给学校；作弊的学生，你要对他好，他将来会成为你的老板；中途退学的学生，你也要对他好，他会成为比尔·盖茨或乔布斯。"我哈哈大笑。

　　孩子不是用社会的标准去打造的,而是得用心去发掘和阅读,他们是一本永远读不完的书。

（原载《联合早报》2012 年 6 月 11 日）

当梦想遇到官僚

上个月，几乎在忙乱中度过。

先是老二的暑假计划，5月初他申请到阿里巴巴参加一个叫"全球梦想家"的项目。这个项目是阿里巴巴集团的创始人马云发起的："希望互联网精神会影响到更多的年轻人，让更多的人了解电子商务，希望大家一起分享知识和经验，帮助更多的梦想家们去实现自己的梦想。"这是个公益性项目，希望通过"全球梦想家"项目让年轻人聚集在一起，共同讨论未来的发展。项目于2013年开始，已有90个人参加过，分别来自中国、美国、英国、加拿大、澳大利亚和新加坡等国。

我特别喜欢申请过程中申请人需要填写的三道题：你是谁？你过去十年做过哪些正能量的事情？你对未来十年有何期待？老二写完后给我看，还真让我对他刮目相看，特别是他回答"我是谁"那道题，他先写了一般人自我介绍时所讲的我是谁谁谁，喜欢什么，做过什么，等等。然后笔锋一转，写了自己里外不一的一面："别人认识的我和我认识的自己是不一样的，内心有另一个观察、另一个世界，对自我有另一种了解。"我读着，心里暗笑，这就是典型的天蝎座嘛。然后，他笔锋再一转，写了未来他期许的自己，可能是律师，可能是社会行动家，可能是记者，可能是营销家，但重要的是他希望这是个人人平等、社会有正义的世界，他想去改变任何的不平等。孩子这时在我心目中突然变得高大起来。

申请程序还挺复杂的，又是面试，又是体检，又是答题。他自己还特地坐高铁去杭州找住宿的地方，最后却被签证问题给卡住了。原先他用的是家属签证先到上海，到了杭州后才发现家属签证不能转工作签证，中间我们去了趟日本，回来后得知签证还是不行，只能回原国家办证。我只好让他飞回新加坡一趟，他到中国大使馆签证处如实交上材料，却被拒了，原因是对方认为这是个实习项目，而学生是不能到中国实习的。后来阿里巴巴又写了一封长信解释，说这不是实习项目，而是个交流项目，且学员两年内不能到阿里巴巴工作，但最终还是被拒了。老二莫名其妙被泼了一盆冷水，花了一个月的时间申请的"全球梦想家"项目，怎么就被签证给绊倒了。关键是其他二十多位来自世界各地的同学，商务签证都能办下来，唯独他办不了！中国大使馆和阿里巴巴有过节吗？眼看着暑假计划泡汤了，他特别失望无措。舅舅看他如此失落，叫他到自己的公司做个商务考察项目，可以到青岛和深圳看看。他又重新申请签证，还是不批。看来，年轻人的梦想是要绊在官僚足下了。他到现在还是想不明白，为什么其他国家可以，唯独新加坡不行？

老二的情绪好几天都无法平复，我只能安慰他说，世界就是这样，梦想和现实有很大的距离，有时得接受现实，这也是一种学习。他沉默无语。我想或许这个打击会给他另一种力量,让他学会从反面思考和学习。但很肯定的是,这种经验只能加强年轻人对官僚的痛恨。幸好他 8 月份也申请到新加坡一家律师事务所的实习机会,否则他这个暑假的工作履历上便是零!

无独有偶,我因为被学院邀请办中国绿卡即永久居留证,也临时得飞回新加坡去开无犯罪记录证明,也得到中国大使馆认证。我们母子前后几天都往中国大使馆跑,我一切顺利,比预期中还提前取了证,他则一波三折,最后徒劳无功。儿子说我是受欢迎的,他是不受欢迎的。我和儿子莫名其妙站在了公平的两端。

我只能笑说:儿子,往前看吧,人生路还长着呢!

(原载《联合早报》2015 年 7 月 27 日)

国民服役

以前每次同学聚会，男同学一说起国民服役的经历就开始滔滔不绝，那个营，那个可恶的营长，那个可怜的兵，那个捣蛋的战友，那个睡楼上的，那个睡隔壁的，那间空屋，那片森林，那些猫头鹰，那盏灯，那些幻影，说得有声有色、如梦如幻……女同学们只能傻傻地、静静地听，偶尔张口，瞪眼，尖叫，根本没有插话的份儿。那是个女生想象不到的世界。看到女同学们傻笑的样子、崇拜的眼神，大概是男生们感觉自己最"男人"的时候。保家卫国，你们女人靠边站。雄性荷尔蒙四射，眉飞色舞。终于有一天，听得厌烦了，女班长大发"雌"威，你们能不能不要再说军队的事了？听得都要吐了。然后接下去的很多年，再也没听到国民服役的事了。那是我少女时期对国民服役的认知。

十几年后，轮到儿子服兵役了。这次，我以一个母亲的身份重新感受国民服役。前后三次陪三个儿子到德光岛。每次参观完毕后，总觉得现在的军训比起以前轻松了许多，吃得好住得好，已经不需要熨衣擦鞋。感觉上更像是去体校接受体育训练，学习过集体生活，而不是像过去那样去接受严格的军训。军官对着家长也一改过去那种威严的表情，而是和颜悦色地解释和安抚："我们会照顾好你的儿子的，请放心。"我们家四个男人相互比较自己服役的经历，都觉得一代比一代好，我反倒觉得是一代不如一代，似乎看到了"富不过三代"的魔咒。

老大七年前服役时只有16岁，当时他已经被美国的大学录取，原本打算先读完大学再服役的他，因为政策的改变（规定所有男生都得服完兵役才能攻读大学），他只能延迟出国，提前服役，成为全营最年轻的小兵之一。不知道是不是因为他不是初级学院的毕业生，他参与的那届兵训班有来自不同背景的人，他还到新西兰和巴基斯坦军训，在受训时受伤缝了好几针，也因此有了几个患难之交。"战场"上稀奇古怪的事时有发生，在巴基斯坦时甚至遇到酒店被炸，还好有惊无险。老大的服役经历远比弟弟们的精彩。

老二是隔了五年从国外回来服役的，他那届是领导力加强班，虽然他也喊苦喊累，但我听到更多的是他们在谈论谁是"白马"，谁有背景，谁是哪个学校毕业的……有更强的精英和阶级观念。或许是因为离开得太久，老二开始时不太能融入团队，心里也特别不屑，所以他选择不参加军官训练，辗转几回后加入了军医部门。

老三刚在今年2月开始服兵役，我上周末特地飞回新加坡参加他的军训结业仪式。那天起个大早赶到滨海湾广场，天上突然下起了大雨，擎着伞排长龙的父母、家人、朋友依旧风雨无阻，不吵不闹，有序地排队等待入场。队伍非常有序，一路上还有人发雨衣、发水，好久没有这种非常"新加坡式"的感觉了。结束时老三老远跑过来，尽管喊累但也说很好玩，我没感受到那种"刻骨铭心"的痛苦和委屈，总觉得好像缺少了什么，体力的锻炼是有的，心智的锻炼似乎少了很多。

或许我没那么仁慈，好多家长都担心儿子服兵役时会受苦，我则是那种巴不得他们多吃苦、多锻炼的妈妈。胸怀是委屈撑起来的，不是吗？或许教育水平高的父母都特别"讲理"，一切安排都得合情合理，多一点不行，少一点也不行，可以锻炼但不能太苦，可以骂但要给足理由，一切都得在"合理"的原则下进行。新加坡人太理性，但也可能陷入了理性的盲区。其实，当我们要求别人合理对待孩子的时候，我们就剥夺了他学会面对不合理时调适自己的心态和反应；当我们担心孩子受委屈时，我们就剥夺了他学习做一个内心强大的人的机会。能成大事的人，首先必须学会受委屈。

不仅需要提高孩子们的智商和情商，更需要锻炼他们的逆商（逆境商数）——如何面对委屈，如何面对挫折，如何面对困境，如何百折不挠、永不言弃。这些是学校教育做得不足的，军训能更好地锻炼孩子的意志力。我也非常赞成女孩子参加国民服役，因为它不仅是体力的训练，更多的是心智的训练。成功不仅仅需要智商，更需要情商和逆商。

（原载《联合早报》2014年4月21日）

微薄的力量

在孩子们还小时我就鼓励他们参与公益活动,学习扶老济贫的社会价值观,避免沾染上知识分子无知的优越感。在上海上国际学校的时候,学校非常鼓励学生们自己组织课外社团,老二和同学们就成立了慈善俱乐部,每个学期都会组织不同的活动。有一年,他们组织了养老院探访,每周五下午定期到养老院探望老人。老三有时也会混到哥哥的组织里,跟着去玩。我有一次很好奇地问他们到底去那干什么,老人院里的老人家口音都很重,他们听得懂老人家们说的是什么吗?他们笑说有时真听不懂,但可以比手画脚。他们说老人家们对他们这些"外国人"很好奇,喜欢问东问西的,有时也会把他们问倒,大家就是胡扯乱笑一番。其实说什么都不重要,重要的是年轻人的笑声和歌声。估计拿着吉他唱歌给老人听对这些年少初长的孩子们来说会是一件挺了不起的事,老人们也总不惜给他们最大的鼓励和掌声。偶尔他们还会陪老人家打打麻将,我调侃他们是不是趁机想自己打打麻将,他们说不是赌钱的,就是为了好玩。真不知道到底是这些年轻人在帮助老人家还是老人家在帮助这些年轻人。反正每周五的约会都是在轻松愉快的氛围下度过的!学习是潜移默化的。

老二读高中时在学校里组织环保活动，积极推动"地球日"活动，他和同学们分头到处宣讲，鼓励大家"地球日"晚上不开灯、不用电，我也被迫在家里度过了一个没电灯、没电视、没电脑的夜晚。看着他们兴高采烈地做这些事，心里在想，真是长江后浪推前浪，这一辈的孩子确实比我们那一代更有环保意识，坚决不吃什么、不用什么、不做什么，自己已经落伍了。老二和老三还曾经在学校里推动资助"小书虫图书室"项目，召集全校的学生把旧图书带到学校，一箱箱地整理，每集满3 000册就能运往西部的一所乡村小学建立一间"小书虫图书室"。每每看到乡村小学寄来的图书室的照片和农村孩子们阅读书籍时的照片，这些年轻人就意识到，原来自己微薄的力量是可以做很多有用的事的。我真心相信社会责任感是得从小培养的。

前两周老大跟着一个医疗义工组织到尼泊尔去进行慈善医疗。一行二十多人，包括八位资深医生，他们都是各自领域的专家，有妇产科的、骨科的、儿科的、放射科的、皮肤科的、整形外科的，等等，还有三个医科学生和八个银行界的高管，也有三四个退休人士和家庭主妇。这次的"医院"设在尼泊尔城市外的山区，那些村庄没有医院也没有医生，是个生大病就只能等死的地方。这组医疗义工去前得预备几百种医疗器材和药品，抵达后得用两天的时间把一所学校改造成医院，两间手术室的两个手术台是由课桌拼成的，四间教室分别被改造成问诊室、体检室、化验室和药房，学校门口还设有看病登记处。这所"临时医院"外每天都会排起长龙，短短一周内一共看了1 400个病人，动了上百台手术，全部免费。医者仁心，这或许就是最好的注解。这些医生放下身边原本非常忙碌的工作，放弃收入，每年两至三次到贫困地区设临时医院，不为名不为利。没有组织，没有宣传，没有筹款，就是一群个人志愿者，每年自己花钱、花时间，到不同地区拯救在病痛中挣扎的人。同时，他们也希望找到当地的有志之士，包括一个正在学医的和尚，帮助他们组织和建立一个能够持续的系统，向当地人传授一些技能，希望他们能长久地为自己的乡村和社区提供医疗服务，从而改善自己的生活。毕竟，最后还是得自力更生。

如果我们每个人在自己的领域除了有专业上的成就感，更赋予自己的专业一份社会意义、一种使命感和社会责任感，除了做自己该做的事，更能去做些不求名利和回报的事，这世界真的会变得更美好。微薄的力量是能做许多有用的事的。

（原载《联合早报》2014年1月27日）

微薄的力量

思考人生

欢乐和幸福

自五六年前孩子们陆续到海外留学起,每年全家团聚的时间已不是在农历春节,而是在圣诞节和元旦。早几年,白色圣诞是全家所喜爱的,从日本北海道、哈尔滨亚布力,到加拿大惠斯勒、美国科罗拉多,全家人喜欢在美丽的白色雪山中跨进另一个充满动感和期待的新年。

今年在美国加州的老二提议往南到墨西哥。这么多年,我们还真没到过中南美洲。对墨西哥很陌生,印象中都是美国电影中描绘的非法移民、黑帮、毒贩,连警察都是坏人。到达墨西哥城的第一天,印象中就是混乱,我们住在最热闹的地区,但感觉不到繁华,晚上走在路上还真有点害怕。第一晚选了一家墨西哥餐厅吃饭,台上唱歌、台下跳舞,那确实是个热情的民族,今朝有酒今朝醉。导游说这里的人的时间观念非常差,被放鸽子是经常的。

第二天白天参观瓜达卢佩圣母大教堂、改革大道、中央广场、国家宫、天使纪念碑、三文化广场、太阳金字塔和月亮金字塔时,才深深感受到古印第安珍贵的文化遗产。这里有个举世闻名的墨西哥人类学博物馆,藏品丰富,管理完善,出乎我意料的好。游览完库埃纳瓦卡和塔斯科返回墨西哥城的路上，我们真碰到了坏警察。他在高速公路上命令我们停车，不分青红皂白就要搜查我们的护照，司机、导游和他谈判了好久，最后导游塞钱到他的车座下他才放过我们。儿子们都睁大了眼睛，旅游确实能让人长见识。

最吸引我去墨西哥的是她著名的玛雅文化。几年前玛雅预言（即玛雅祖先根据玛雅历法预言公元 2012 年 12 月 21 日是人类世界末日）曾流传一时。后来世界并没有毁灭，又改说玛雅人所指的末日不是人类毁灭而是人类进入大净化。现在已经过去三年了，不知道这大净化是不是还在进行中？

玛雅文明是南美洲古代的印第安文明，据说玛雅文明形成于公元前 1500 年，虽然处于新石器时代，但在天文学、数学、农业、艺术及文字等方面有极高的成就。玛雅后来建立了早期的奴隶制国家，曾经繁盛一时，但在 15 世纪时遭受西班牙移民的入侵，从此玛雅文明开始衰落，并最终湮没在丛林中。所以很多墨西哥人其实是印第安人和西班牙人的混血。

奇琴伊察是目前玛雅遗迹中保留比较完整的，吸引了不少游客。这里曾经是玛雅古国最繁华的城邦，体现了古玛雅人高超的建筑艺术水平。我们去的那天，到处都是慕名而来的欧美游客，不断从不同角度拍摄阳光和建筑相互辉映形成的羽蛇——古代玛雅的神明图腾。

玛雅人笃信宗教，崇拜太阳神、雨神、死神、战神、玉米神和五谷神。为了求神求雨，他们会用女童祭神。玛雅人认为，用活人祭神是对神明最大的虔诚。把人放在祭台上，然后活挖红心献神求雨。或者把活人丢进井里，献祭深井里的神灵。我看看祭台、看看井底，听得毛骨悚然，儿子却狡黠地说那很可能是人类医学史上最早的心脏手术，值得研究。然后三兄弟开始角色扮演拍各种挖心剧情照，这是现代年轻人对古文明的幽默感吗？

最后一站是墨西哥著名的旅游城市坎昆。坎昆位于加勒比海北部、三面环海，风光旖旎。坎昆在玛雅语里的意思是彩虹一端的欢乐和幸福，确实，这里有洁白的沙滩、清澈的海水，心情自然就变得轻松和欢愉起来。在7字形的区域里，有一整排"All inclusive"（无所不包）的酒店，包吃包住，三餐免费，还有许多免费的乐队表演和新年派对，户外有许多水上运动，潜水、飞天、冲浪、深海钓鱼（这些需要付费），最关键的是一整天都可以拥抱自然的阳光和清新的空气。在坎昆，阳光和空气就是欢乐和幸福。

我们在欢乐和幸福中开始了2016年。

（原载《联合早报》2016年1月11日）

欢乐和幸福

墨西哥的玛雅

享受过年

每年春节都回家过年。年轻时总觉得过年挺烦的，又忙又累。大年初一、初二一大早总要到长辈亲戚家拜年，每天要赶好几场。可是一恍，突然意识到长辈亲戚会相续离开，生命原来无常，能十年如一日地做同一件事，原来是很幸福的。现在年纪大了，反而喜欢趁着过节时分和平常不太见面的远亲近戚聚聚，和老同学、老朋友叙叙旧，特别是那些生活在海外的。回家过年是很美好的感觉，让人能重温成长历程中的点点滴滴，回味每个故事里的笑点，然后仰天捧腹大笑。欢乐不在于成就有多大，而在于身边有多少爱。

是谁说过的改变人类生活的三个苹果——亚当的苹果，牛顿的苹果，乔布斯的苹果。苹果手机随手一按，捕捉住岁月的身影，所有时间留下的无情和有情的痕迹都在镜头前的刹那间，让人感受到时间在每个人身上的魔法和变化。岁月无情，生活更无情。

那些留学海外的孩子，在脸书上看到家里吃喝玩乐的照片，都妒忌得不行。透过 iPad 视频拜年，小表弟、表妹都长得那么俊挺和靓丽了，青梅竹马一起长大的童年玩伴，身边也已多了另一半。老大在美国的家中也搞了个小火锅和几个朋友一起吃团圆饭，透过视频介绍"这是我的女朋友"。这家伙不甘落在弟弟的后面,在那男女比例失衡的学系里还能找到个 RGS(新加坡莱佛士女子中学)毕业到美国深造的,还真有点缘分。听说之前北京的那个女朋友到斯坦福大学念博士去了。现在的孩子都太厉害了。我们当年怎么就那么笨、那么傻?小儿子的功课比哥哥们差了十万八千里,但今年有了个漂亮乖巧功课又好的台湾女友,中英文都很棒,还会讲闽南话。在大姨的怂恿下,照片一亮,马上成为七大姑八大姨八卦的男主角,抢尽了风头。看他满面春风的样子,估计他心里挺洋洋得意的,至少这一点我比哥哥们强呀!

这几年家里人多了,也少了,有刚出世的,也有刚离世的。第一次过年的小外甥女,时不时哇哇地哭,似乎也在缅怀离世的亲人。他们的身影仿佛还穿梭在我们中间,大哥原来就坐在那张椅子里,五哥就说过这个笑话……一切仿佛还在昨天,怎么说不在就真的不在了!

小弟取代大弟成了春节"赌王",所有的堂表兄弟姐妹都围在他的身边,叫声不断,笑声翻天。他输了 100 新元换取了所有人的欢乐,人生的得失真的不是用金钱来衡量的。那一角落姑嫂婆媳搓麻将,七嘴八舌本来就够吵的,孩子们偏偏玩警察捉贼躲到麻将桌下,大人们笑骂不得,只能各得其乐、相互尊重,谁也不干预谁。所谓老的小的玩成一团,大概就是这番景象。隔壁房间卡拉 OK 的歌声阵阵传来,那个不懂中文的姐夫和几个兄弟姐妹,把华语歌坛的老情歌唱得情真意切、丝丝入扣,西洋情歌就更不用说了,中间还夹唱了几首热情的桑巴,边唱边跳,还真以为回到了20世纪七八十年代。那些边搓麻将边听演唱会的姑嫂婆媳直喊这场麻将打得太享受了,输也值得啊!

现在过年是一种享受。

（原载《联合早报》2013 年 2 月 18 日）

享受过年

春天的气息

没有婚姻的历练，哪知爱情的真谛

无意间看到电视剧《离婚律师》，已经播了二十多集，没看到前面的故事情节，但刚好看到剧中女主角姚晨和男主角吴秀波的一段经典对话。两位都是离婚律师，男主角遭妻子背叛，婚姻失败，所以对婚姻有恐惧症，觉得爱情不需要婚姻，而女主角则认为爱情必须透过婚姻的承诺才能完整。两个相互倾慕的人，因此感情触礁，一度分了手。剧中还有各式各样的婚姻关系和婚姻问题，探讨现代爱情和婚姻的关系。挺有意思的剧情，我决定十一长假时下载下来，然后一口气看完。

喜欢看现实剧，因为它们反映现实。最近身边就有好些朋友闹离婚。也不能说闹，因为都是等孩子大学毕业，责任完毕，才再面对婚姻无言的结局。CJ和太太长期分居，最近终于正式签字离婚。但事实上，他们早已分开，长期分居两地。和剧中的男主角一样，他不再相信婚姻，选择只恋爱不结婚。因为长得帅，学识高，人也很浪漫，特别有魅力，作为成熟的男人也很容易吸引条件好、事业成功、内心却很落寞的职业女性和女企业家，所以他是知性女性的杀手。每一次恋爱的开始都特别快乐和美好，他也不是有意玩弄感情，和剧中的吴秀波一样，他就是害怕再次走入爱情的坟墓。爱情的美好感觉走到尽头之时，就是分手之际，短则一年，长则五年。所以他不断恋爱，不断分手。没有一个女人能让他再次突破自我保护的底线，也没人能让他愿意再次交付自己。宁可寂寞，也不愿再跨越婚姻的坎。所以他的爱情总是无疾而终。可是他的爱情又总是纷至沓来。让我佩服的是没有一个前女友纠缠或诋毁他，都是选择安静地离开。简直是爱情男神！但，他一直寂寞。

剧中人物还是比较幸运的，吴秀波碰上了他的女神姚晨，不断挑战他的爱情底线，冲破他的恐惧防堤，一个内心不安全的男人只能由一个内心强大的女人来疗伤和治愈。她非常清晰地知道自己要的是走向婚姻的爱情，她对着吴秀波痛骂的那场戏确实太精彩了。爱情若最后不走向婚姻，这份爱就是残缺的，懦弱的，没有担当的。爱情是需要通过婚姻去体现的。在爱面前，女人总是更勇敢。

有句老话说，婚姻是爱情的坟墓，也真不无道理。因为爱情是和对方的优点恋爱，婚姻是和对方的缺点生活。恋爱时的浪漫常让人选择性盲目，潜意识里都把缺点隐藏了起来，加上不是朝夕相处，所以容易让人一笔带过。一旦结婚，朝夕相处下来，不化妆、不掩饰的一面，生活中的每个细节，都让人的真性情暴露无遗。积年累月下来，原来的美好早已遗忘，只记得彼此生活中不断的挑剔和批评，然后两人渐行渐远。

前一阵子网上流传着一段视频，是一位妻子在丈夫的追悼会上说的一段话，她描绘他睡觉时的鼻鼾声，他生活中的一些缺点和他的不可理喻，可是，她说她希望依旧再听到他的鼻鼾声和他的那些不可理喻，因为至少他还活着在身边。她哽咽了……她爱的不只是他一切的优点，更是包容了他一切的缺点，这就是经历了婚姻后的爱情，那才是爱情的最高境界，历尽千山万水、喜怒哀乐，依旧怀念对方的好、对方的坏、对方的一切。那才是完整的爱情。

所以姚晨说得对，必须经历婚姻的历练，才能真正体会到爱的真谛。要爱一个人的优点很容易，但要爱一个人的缺点，那就是婚姻对爱情的考验。

无论结果如何，我愿意。

（原载《联合早报》2014 年 9 月 8 日）

没有婚姻的历练,哪知爱情的真谛

平衡是一种艺术

爱情多元化

入秋的上海，暖暖的阳光、柔柔的风，心里不自觉有股温馨的浪漫。周末找几个朋友来家里烤肉、喝酒、闲聊是很写意、惬意的事。同事麦尔是英国人，温文尔雅，因忙于事业到现在还是单身。女性朋友中小贝40出头，香港人，和同居男友分手七八年了，到处漂泊，最近调到上海工作。我想两人都是吉卜赛一族，或许会有缘？我给小贝打了电话，她说："我还没机会跟你讲，我半年前有了个'女朋友'。我从不喜欢女人，但我很喜欢她。新加坡人呢！我们现在希望能换到同一个城市工作……""哦——"我拉长声音好让自己能脑筋急转弯，幸好电话中对方看不到我诧异的表情，"能找到个伴儿是件好事，重要的是大家能沟通理解，哪天大家一起吃个饭？"我献上对友人的支持。

周末结束后上班，助教一早到我办公室，"教授，有件事得跟你说，我有了！"我屏住呼吸，"hold"住表情。小王今年33岁，跟我工作了6年，看着她恋爱结婚，是一个非常懂事乖巧的女孩。本来怀孕是件喜事，但结婚5年，先生太热衷于宗教灵修，两人渐行渐远，十年的婚姻关系在半年前已画上了句号。父母对她的离婚非常不能接受。不是刚离婚吗？有了？我一时不知道怎么反应。她娓娓道来，新男友是她以前的同事，认识多年，最近才成为情侣，问题是他比她小三岁，台湾人，在云南工作，她不知如何跟父母说，接下去该住在哪里，该在哪里生孩子，一连串的决定要做。和她聊了两个小时，最后只能给她点勇气："该来的终会来，就面对吧。"

联想起上个月失踪一年后生了个宝宝回来的丽。丽是我的学生，在事业非常成功之时，不小心怀了孕。丽的爸爸早逝，妈妈一直非常依赖她，因前夫和妈妈的相处问题，她最后只能选择妈妈放弃婚姻，这一放弃，缘分就再没出现。只因41岁生日那天过得太寂寞，一个晚上就改变了她的命运。她不想干扰对方的家庭，挣扎了好久，最后选择辞职做单亲妈妈，因为她特别想要个孩子，但却没碰到一个合适的丈夫。"如果我不要这个孩子，可能一辈子就不会有孩子了。"看她有女万事足的样子，我只能微笑着给她送上拥抱和祝福。

好朋友W爱上比他小21岁的女人，别人都是年轻女孩喜欢有钱男人，他却正好相反，女朋友不仅年轻漂亮还是个富婆。W长得挺帅，人也挺好，原来的那段跨文化婚姻特别不快乐，女朋友之前的婚姻因财产问题也比较复杂。两人认识后志趣相投，几年下来也一直相知相惜。但因女方富有，W反被视为男小三，是在为自己退休后找停靠的码头。男女地位倒反过来了。W对闲言闲语充耳不闻，逐渐疏离朋友，选择自己的爱情方式，过自己的生活。祝愿有情人终成眷属。

无数相遇,无数分离,无数取舍,无数无奈,缘深缘浅,如是这般。

(原载《联合早报》2012年10月22日)

半正不邪

"真实和谎言在河边洗澡,谎言趁真实还在水中,先洗好上岸,穿上真实的衣服离开了,从此大家都把谎言当成真实。而真实拒绝穿上谎言的衣服,结果在大家眼中,很难接受赤裸裸的真实。"周末和几个中国朋友喝下午茶,朋友用这个比喻形容中国社会的乱象,真和假已经分不清了。久而久之,大家也都习惯活在这种自欺欺人的社会环境里。因为只有这样才能活下去,太较真是跟自己过不去,会活得郁闷,现实反正就是那么一回事,没真理可言。更可怕的是,这已经变成一种价值导向,大家已接受说谎的行为,重要的是要及时穿上真实的衣服,穿久了就变成真实,过往不究,谎言从此活得比谁都好,赤裸裸的真实最后是会被众人唾弃的。

不知道是时代的不一样还是社会环境的不一样,现在对好人、坏人的感觉不一样了。小时候,好人和坏人是很清晰的概念。从小就被教育要做个正直和诚实的好人,宁可人负我,不可我负人,更不会尝试去干坏事。可是这个时代不流行纯正的好人,那太老土、太没历练。现在的价值导向是更欣赏那些能改邪归正的人,先坏再好。犯错是很容易被原谅的,是每个人都应该有的权利。先犯错,再改过，那样人生才有历练。如果在对错之间能把握好度和时机，及时转型，更容易变成大家心目中的英雄。谎言变英雄，真实变狗熊，这就是社会的一种病态。

我有两个朋友，A 坚守道德底线，一生做好人，平平稳稳。B 求胜心切，先犯错，然后表现出一脸无辜，再改邪归正。一边犯错，一边悔过，把非正常途径得到的利益先暗藏起来，然后换上好人的面孔，再做很多善事，摇身一变成了好人，名利双收。最终 B 是好人也已是富人，可 A 依旧是穷人，当然也一肚子怨气。A 不原谅 B，觉得 B 太虚伪，从此和他断绝往来，最后还被大家责备为没气度，不给 B 改过自新的机会，B 反倒变成无辜的一方。B 也聪明地不作辩解，用做善事的方式弥补自己的过失，在真与假之间玩转得淋漓尽致，说白一点是把人性玩得最透。

最近有个很红的唱歌比赛的电视节目叫《中国好声音》，大家看了以后议论纷纷，那些唱法或字正腔圆，或清晰嘹亮，或柔情甜美的歌手都走不到最后，越正统的越早出局。"好声音"要么奇腔怪调，能在真声和假声之间切换自如；要么能在哑和不哑、破和不破的临界点游走，那样才能走到最后，成为冠军。

这就是现在的社会现象，是非对错，真假好坏，似乎都有些乱了套，标准已经非常含糊，大家就在含糊中混着，自欺欺人是一种快乐的生活方式。正气靠边站，半正不邪才是主流。

（原载《联合早报》2012 年 10 月 15 日）

受宠若惊

几个月前蓉子通过新加坡《联合早报》联系上我,说她为中新建交25周年庆典在苏州组织了一场新加坡作家的文化交流和座谈会。我清晰地记得自己收到邮件时的反应——受宠若惊,实不敢当。我怎么糊里糊涂就变成华文作家了?!虽然这几年,在《联合早报》的专栏上涂涂写写了八十多篇短文,但都是身边琐事、生活随想,根本上不了大雅之堂。我哪敢以作家身份见人?正好那段时间要去戈壁,我便婉拒了蓉子的邀请。可蓉子还是充满热忱地希望我能"赐稿",因为她在编辑一本新加坡作家的中国在地书写,也算是庆贺SG50的一份心意。我只需要把写过的有关在中国生活的文章发给她,由她来挑选就行了。这样的要求再拒绝就真不太像话了。我索性把所有写过的文章都发给她,希望能帮得上忙,然后自己整个暑假就消失了。

8月底回到上海,看到秘书放在书桌上的《玄奘之路——名家评论:新加坡华文作家中国在地书写》,我再次受宠若惊。幸好他们都不认识我,要不然班门弄斧,自己都会脸红。书中除了蓉子的文章,还有以前在《联合早报》上常读到的木子、吴韦材、虎威、叶孝忠等的文章，以及我认识的白振华和李永乐的文章。让我万万没想到的是，蓉子请了名家来评论，我在书中看到了专家对自己文章的评价。

其实几年前开始写专栏，是为了调剂生活。自从在美国读博士期间写了人生的第一篇研究论文后，过去的二十多年，我一坐到电脑前就只会写学术文章，或和工作相关的文章。生活的忙碌，已让自己没时间找感觉。职业的训练，也让自己必须理性客观，所以常把个人主观的观察和感受职业化地给隐藏起来，觉得自己越活越理性，好像缺少了些人味儿。好朋友璐璐就建议我写写散文专栏，平衡一下左右脑。就这样开始了写专栏的旅程。每两周，我就换一个脑袋，也换一种文法来表达自己。不像写论文，我得字斟句酌；写散文，我是随心所欲，想到哪，写到哪。

我很佩服几位写评论的专家，能在文章中一针见血地看透我。我在他们的评论中又重新认识自己，这是挺有趣也很享受的一件事。中国散文学会副会长吴周文教授用法国博物学家、作家布封的名言"风格却就是她自己"来概括他的评论。确实也是，我真不知道写作需讲究什么方法或风格。他还说我给他的一个强烈印象是"具有一般女性作家难得的大气"。呵呵，我真写不出女作家那种细腻抒情的缠绵。最最让我受到鼓舞的是，他评论我的文本形式的呈现"处于高度自由状态"，我手写我心，"不拿架子，不装腔作势，不修饰，一切以自由自在的叙述而出之……这种风格和周作人的平和与自然有两分相似……"当然，只有两分，我还差之千里。吴教授的细腻和精准的分析，让我着实佩服。但对吴教授的期待——有朝一日能接近周作人的高度，我真有种无地自容的感觉，真别玩大了！

福建省海外华文文学研究会会长刘登翰教授对我这个"文化边缘人"有很深刻的理解和鼓励，宛如知音。"文化边缘人的多边文化，是他们生存和写作的一种财富。东方人眼中的西方学识，西方人心中的东方身份，多边文化使红酒（我的专栏昵称）悠游在东方和西方之间，架起一道交流与传播的桥梁……西方工业社会的科学理性，东方传统农耕社会的人情结构，二者在走向未来的共同发展中，必经许多冲突摩擦才得以磨合，这正是'不中不西，可中可西'的多边文化人可以充分发挥自己优势的用武之地。"

最让我窃笑也感动的是刘教授看出我的文章其实是我学术的副产品。"融理性于感性之中，或者说以感性来叙述理性，把学理的严谨化为散文的浪漫，正是红酒文章最为典型的特点。一种不求技巧的技巧，本色地写来，动情地生活，动心地思考，在娓娓的叙述中，完成了自己，也就完成了写作。"

我是无心插柳，愿从容以对。感谢一路上提携我、鼓励我、呵护我的认识和不认识的朋友。有你们在真好。

（原载《联合早报》2015年9月7日）